Biologische Beobachtungen Band VIII

Gilbert Brands

Die Zellteilung

Mitose und Meiose an
Präparaten von Pflanzen,
Tieren und Einzellern

Inhaltsverzeichnis

1. Die Zellteilung (Mitose)

Wenn Organismen unter geeigneten äußeren und inneren Bedingungen wachsen oder sich vermehren, müssen sich die Zellen bei Erreichen einer oberen Grenze teilen. Dies ist notwendig, da die Information, wie sich der Zellinhalt unter bestimmten äußeren Bedingungen verhalten soll, im Zellkern in der DNA hinterlegt ist und sowohl die Signalinformationen, die vom Zellkern für seine Steuerungsfunktionen benötigt werden, als auch die Steuerungseinheiten, die er als Antwort wieder in den Rest der Zelle versendet (RNA), hinreichend zeitnah und in hinreichender Menge bereitgestellt werden müssen. In der Regel bleibt das Verhältnis Zelle/Zellkern relativ klein; lediglich bei weiblichen Geschlechtszellen sind oft sehr große Werte zu beobachten, was darauf zurückzuführen ist, dass bei der Entwicklung des neuen Organismus außerhalb des mütterlichen Körpers in diesen Zellen extrem viele Reservestoffe gespeichert werden müssen, die für den Aufbau des neuen Körpers notwendig sind, so lange der Embryo keine eigene Nahrung aufnehmen kann. Die Reservestoffe nehmen zunächst nicht am normalen Stoffwechsel teil und müssen daher auch nicht in das Regelschema einbezogen werden.[1]

Die Information liegt im Zellkern in Form meist mehrerer DNA-Doppelstränge vor, wobei in der Regel jeder

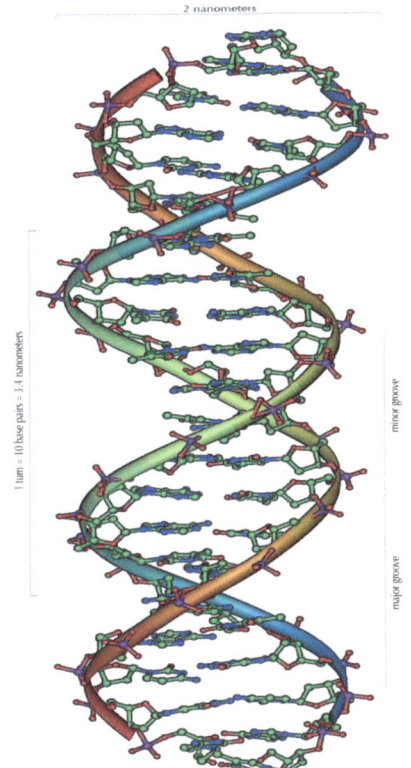

Abbildung 1: DNA-Doppelstrang (aus wikipedia)

---

1   Im Gegensatz dazu bestehen die männlichen Geschlechtszellen mehr oder weniger nur aus Kernmaterial, da lediglich noch Energie für den Transport benötigt wird, die Zellen aber sonst alle Vorgänge einstellen.

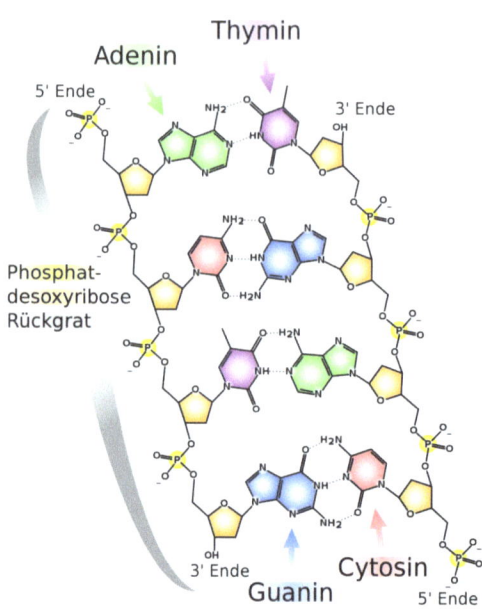

Abbildung 2: Reißverschlusssystem

Doppelstrang in zweifacher Ausfertigung vorliegt (*Abbildung 1*).[2] Die „Zähne" – bestimmte Aminosäuren – an einem Faden bilden ein Alphabet aus vier Buchstaben, von denen je zwei chemisch so zueinander passen, dass sie sich aneinander binden können und die gleiche Ausdehnung wie das andere Paar erreichen. Sie sind jeweils an den beiden Strängen einander gegenüber gestellt (*Abbildung 2*). [3]

Je drei dieser Buchstaben bilden zusammen ein Codezeichen der genetischen Information, so dass insgesamt $4^3=64$ Codezeichen existieren – mehr, als eigentlich benötigt werden.

Ketten von Codezeichen kodieren die Proteine, d.h. die Zelle setzt die linear angeordnete Information in dreidimensionale Gebilde um, die biochemisch sehr komplexe Funktionen übernehmen können. Proteine bestehen aus Ketten von ca. 20 verschiedenen Aminosäuren (*Primärstruktur*), von denen sich einige wie im DNA-Molekül durch Faltung der Aminosäurekette aneinander binden (*Sekundärstruktur*), weitere Bindungen entstehen durch Verdrillung (Tertiärstruktur), die sich aber unter Einfluss verschiedener Verbindungen ändern kann. Mehrere Proteine können sich schließlich zu komplexe Nanmaschinen zusammenfinden (Quartätstruktur).

---

2 In manchen Individuen liegen auch mehr als zwei Exemplare von jedem Doppelstrang vor. Nur ein Exemplar liegt normalerweise nur in den Ei- und Samenzellen vor (siehe unten), jedoch gibt es auch hier Organismengruppen (z.B. Moose), bei denen die Doppelstrangversion die kürzere Lebensdauer besitzt.

3 Außer den Aminosäuren Adenin, Thymin, Guanin und Cytosin kommen an speziellen Positionen in bestimmten Organismengruppen auch noch weitere zum Einsatz. Dies sind jedoch mehr oder weniger Ausnahmeerscheinungen.

Neben der Kodierung der Proteinstruktur sorgen andere spezifische Sequenzen, die viele Buchstaben enthalten können, für die Erkennung der Start-
abschnitte für die Proteinkodierung, die Abschrift in der richtigen Richtung
und die Regulierung, dass nur dann Proteine erzeugt werden, wenn die Zelle
diese benötigt. Auf diese Vorgänge können wir hier jedoch nicht weiter eingehen, sondern bleiben beim Vorgang der Zellteilung.

Während die Organellen im Zellinneren sich bei einer Zellteilung zufällig
und mehr oder weniger gleichmäßig auf die beiden Tochterzellen verteilen

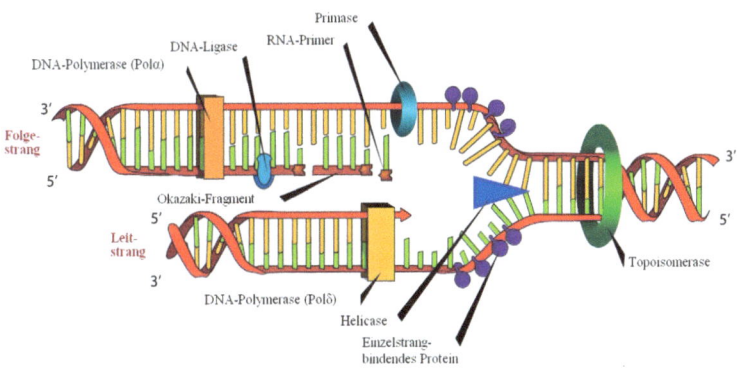

Abbildung 3: DNA-Verdopplung

und regelungstechnisch in das Geschehen kaum eingegriffen werden muss,
muss der Teilungsmechanismus bezüglich des Informationsmaterials jedoch
peinlich darauf achten, dass jede der Tochterzellen die gleiche Informationsmenge bekommt und diese überdies mit der Informationsmenge der Mutterzelle identisch ist (*zumindest weitgehend: das Altern eines Organismus ist unter anderem auf Störungen der Kopien zurückzuführen, der die Natur mit einer Begrenzung der Anzahl von möglichen Teilungen einer Zelllinie begegnet.
Der Begrenzungsmechanismus besteht in bestimmten Sequenzen an den En-
den der Kette, die für die Teilung notwendig sind, jedoch – außer bei den so
genannten Stammzellen – bei jeder Teilung kürzer werden. Sind sie ver-
braucht, kann sich die Zelle nicht mehr teilen und stirbt*).

Diese gleichmäßige Aufteilung ist jedoch keine leichte Aufgabe: ein DNA-
Faden besitzt einen Durchmesser von ca. 2,5 nm und kann Längen von 5 mm

und mehr erreichen, was einem Längen/Dickenverhältnis von mehr als 1.000.000:1 entspricht. Da der Zellkern in der Größenordnung von wenigen µm Durchmesser besitzt, ist der Faden in seinem Inneren locker aufgewickelt und ähnelt mehr einem Wollknäuel als einer geordneten Spule, da jeder Bereich ja auch für die Abschrift der Protencodierung zugänglich sein muss. Je nach Organismus liegen 40-50 oder mehr solcher Fäden, wiederum miteinander verknäuelt, im Zellkern vor.

Untersucht man den Zellteilungsvorgang mikroskopisch, so sehen die Zellkerne deshalb im Ruhezustand mehr oder weniger homogen aus, weil die Verknäuelung des DNA-Fadens unterhalb des Auflösungsvermögens der Optik liegt. Die Zellkerne sind von einer festen Haut umgeben, die Zellinhalt und DNA voneinander trennen. Im Inneren der Kerne können oft kleinere kugelförmige Körperchen, die Nukleolen, beobachtet werden, die statt DNA in der Regel RNA als Informationsträger enthalten und in denen die RNA für die Ribosomen des Zellplasmas erzeugt wird.

Zu Beginn der Zellteilung reißen die Doppelstränge an mehreren Stellen auf, was allerdings weiterhin unsichtbar bleibt. An jeden der beiden Einzelstränge wird nun ein Komplementärstrang, der dem vorhergehenden Partner entspricht, ansynthetisiert (*Abbildung 3*), so dass zwei identische Stränge entstehen, die sich aber noch nicht voneinander trennen. Von jedem Doppelstrang enthält die Zelle nun in der Regel vier Stück in Form zweier Paare.[4]

Parallel dazu beginnen sich die Stränge durch vielfaches Verdrillen zu kontrahieren, wodurch bei fortlaufender Kontraktion im Zellkerninneren nun langsam die Chromosomen sichtbar werden. Diese Phase der Zellteilung nennt man auch Prophase. Bei einer genauen Analyse der sich bildenden Chromosomen wird sichtbar, dass von jedem Faden im Kern zwei Exemplare vorliegen, die zwar hinsichtlich ihren Informationsgehaltens unterschiedlich, aber im mikroskopischen Aussehen, von speziellen Ausnahmen einmal abgesehen, identisch sind (*wir gehen auf dieses Phänomen bei der Reifeteilung näher ein und belassen es hier bei dieser Anmerkung*). Unter günstigen Bedingungen lässt sich wiederum beobachten, dass die Fäden aus zwei den aneinan-

---

4 Bei Pflanzen können aber auch durchaus höhere Multiplizitäten der Stränge erreicht werden.

der haftenden Unterfäden bestehen (*siehe Abbildungen der frühen Propha-se*).

Zueinander gehörende (Doppel)fäden werden im Weiteren mittels des so genannten Zentromers, einer speziellen, an einer bestimmten Stelle eines Chromosoms sitzenden Organelle, miteinander verbunden und weiter durch Verdrillen verkürzt. Die sich hierdurch bildenden Doppelfäden der späten Prophase und der Metaphase sind meist deutlich zu beobachten. In der Meta-phase löst sich die Wand des Zellkerns allmählich auf. Gleichzeitig verdoppelt sich das in der Zelle außerhalb des Kernes gelegene Zentrosom, das bislang noch keine Rolle gespielt hat. Die beiden Zentrosome wandern zu entgegen-gesetzen Zellpolen, wobei sie viele Mikrotubuli zwischeneinander aufspannen. An diese Mikrotubuli, spezieller: an eine besondere Stelle in der Mitte der Mi-krotubuli, binden die Zentromere der Chromosomendoppelpaare. Die Chro-mosomen versammeln sich dabei in der Mitte der Zelle in einer Schicht, der so genannten Metaphasenplatte. Die Chromosomen haben nun ihre größte Di-cke erreicht.

Die Zentromere bewirken nun eine Kontraktion der Mikrotubuli, wo-durch die beiden bislang zusammenliegenden Doppelpaare voneinander ge-trennt und an die verschiedenen Pole der Zelle gezogen werden. Diese Phase wird Anaphase genannt.

Mit der vollständigen Trennung der Chromosomenduplikate beginnt an der Position der ehemaligen Metaphasenplatte die Bildung einer neuen Zell-wand zwischen den beiden Tochterzellen, die Telophase. Im weiteren Verlauf bildet sich auch eine neue Zellkernwand um die Chromosomenhaufen an den Zentromeren, und die Chromosomen selbst beginnen sich wieder zu strecken und zu entwirren, so dass nach einiger Zeit wieder das Ausgangsbild homoge-ner Zellkerne erreicht wird. Hierbei wird auch die letzte Verbindung zwischen den Paaren getrennt, so dass jede Zelle nun wieder zwei DNA-Fäden jeden Typs aufweist. Die beiden neuen Zellen fallen Anfangs nur noch durch ihre re-lativ kleines Zellplasma/Kern-Verhältnis auf, da sich gegenüber der Mutterzel-le zu Beginn der Teilung das Zellplasma etwa halbiert hat, während die Menge an DNA-Material immer noch der Ausgangsmenge entspricht.

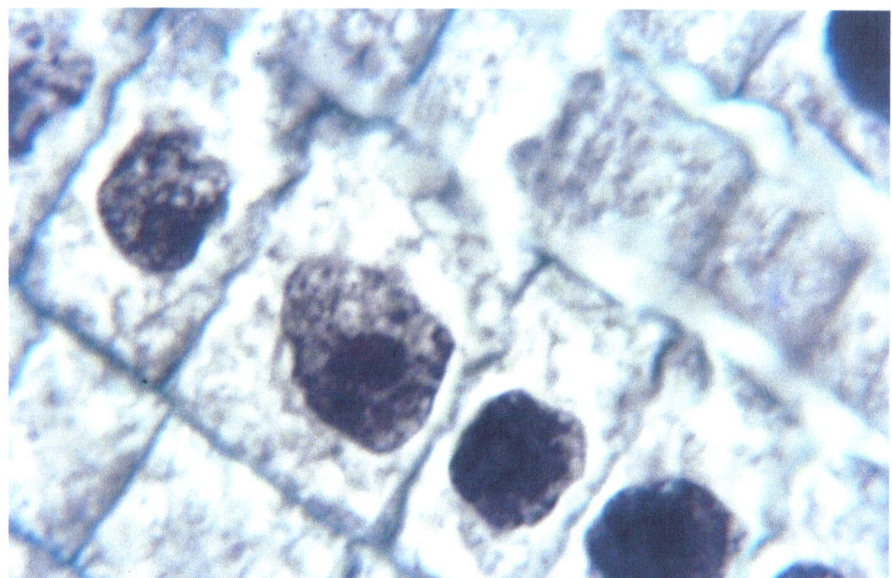

Abbildung 5: Interphasekern, Ruhephase

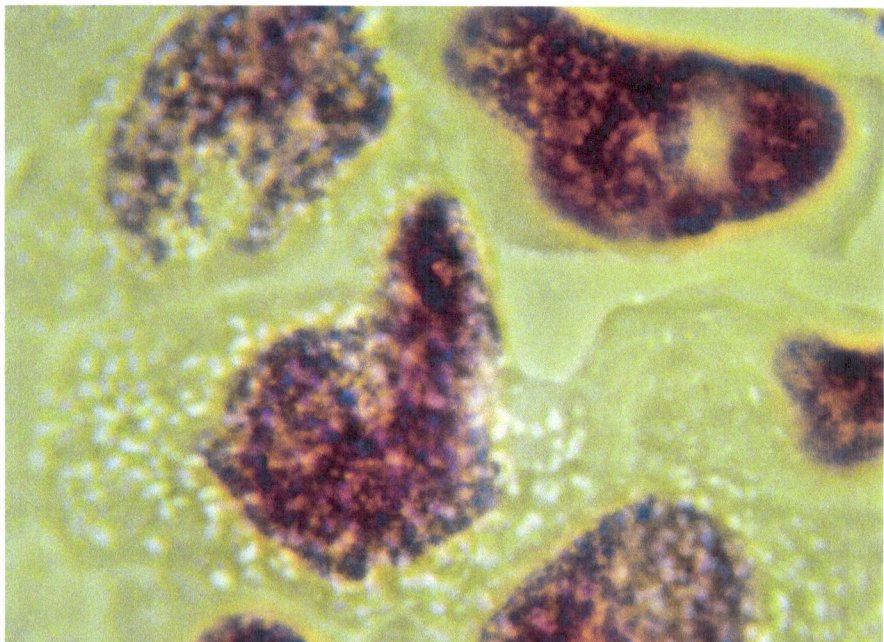

Abbildung 4: Interphasenkerne, Quetschpräparat

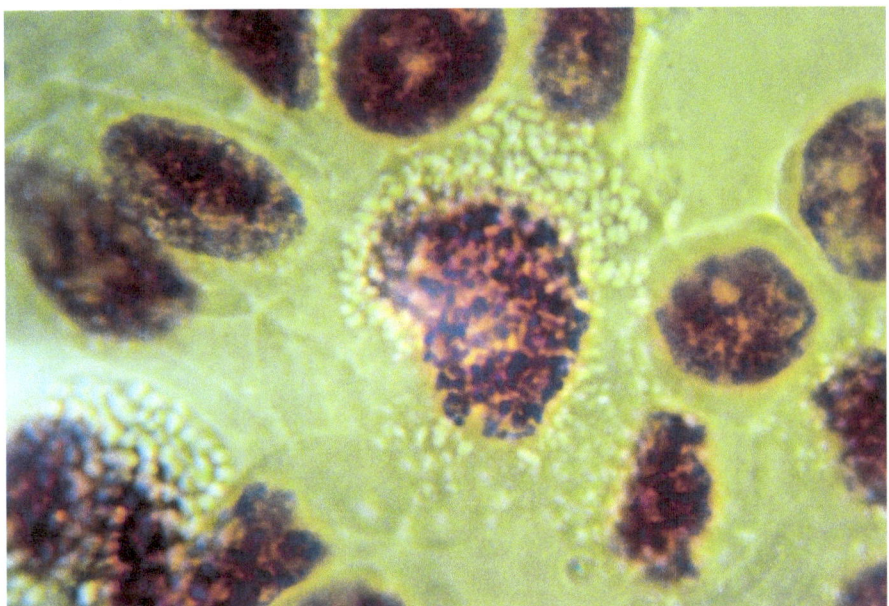

Abbildung 6: Beginn der Bildung der Chromosomen aus dem Ruhekern

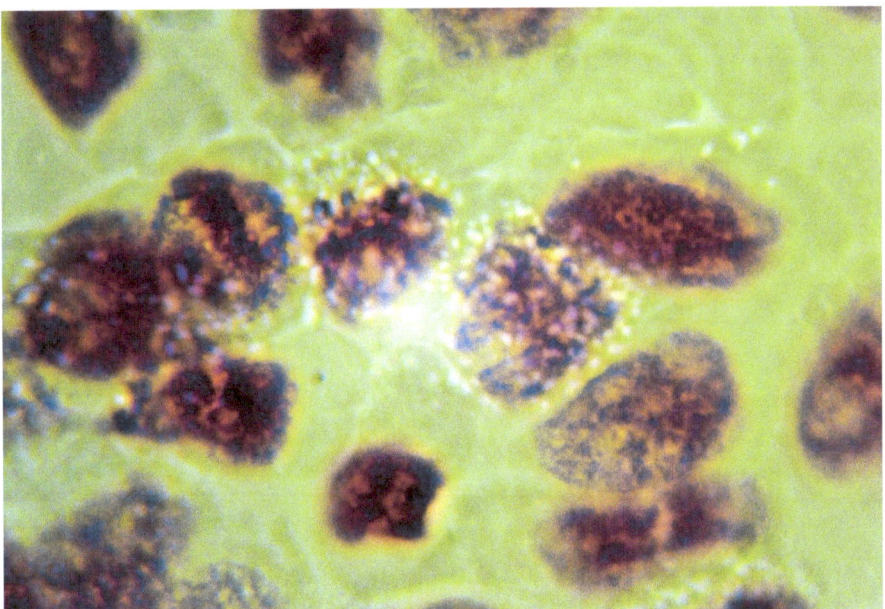

Abbildung 7: sehr frühe Phase der Chromosomenbildung, erste Fäden werden sichtbar

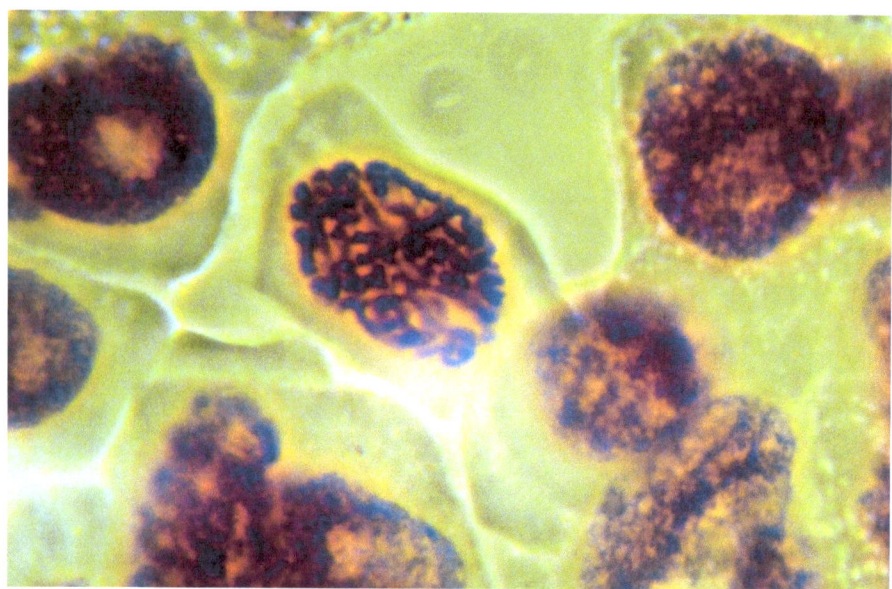

Abbildung 8: frühe Prophase, Verdichtung zu den Chromosomen

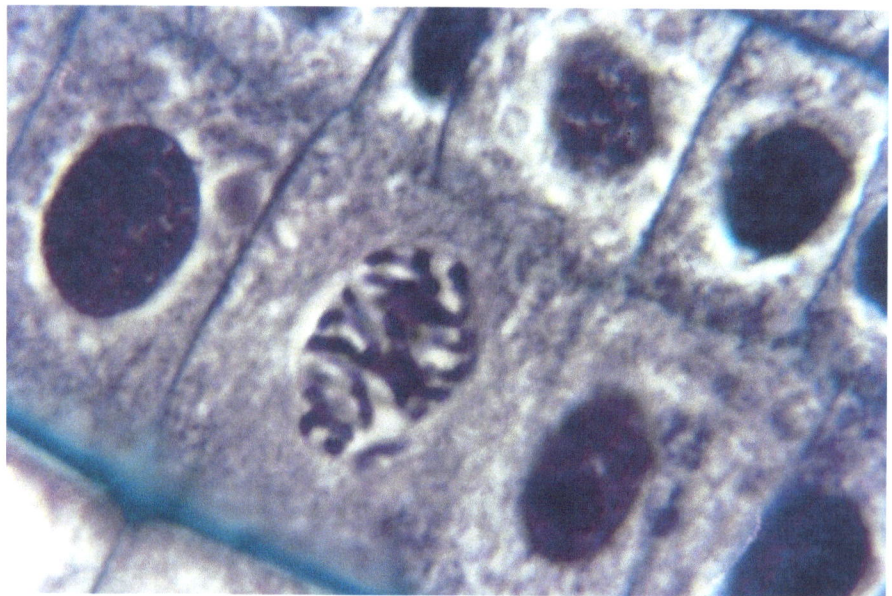

Abbildung 9: Prophase im Zellverband

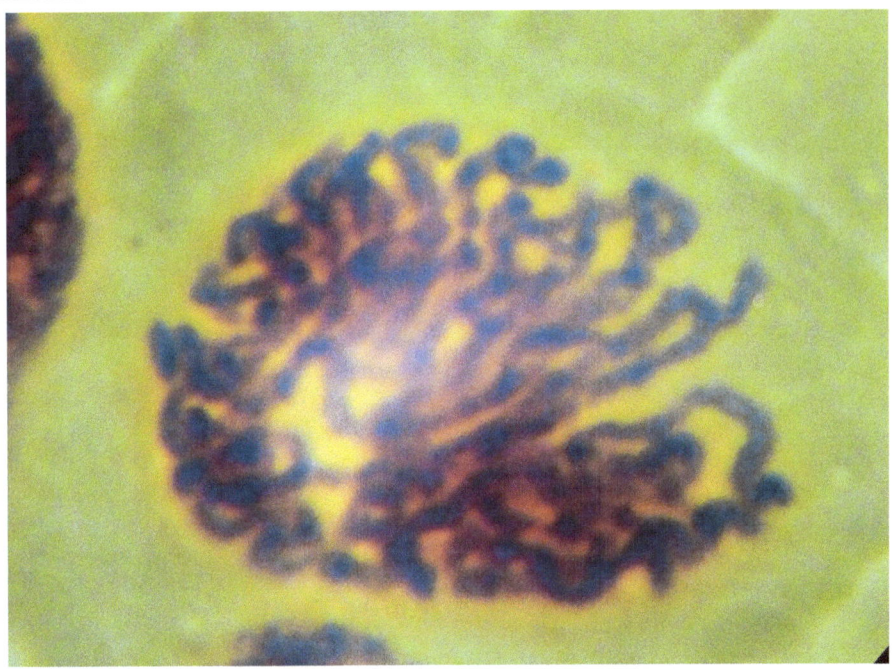

Abbildung 10: Verdichtungsstadium der Prophase

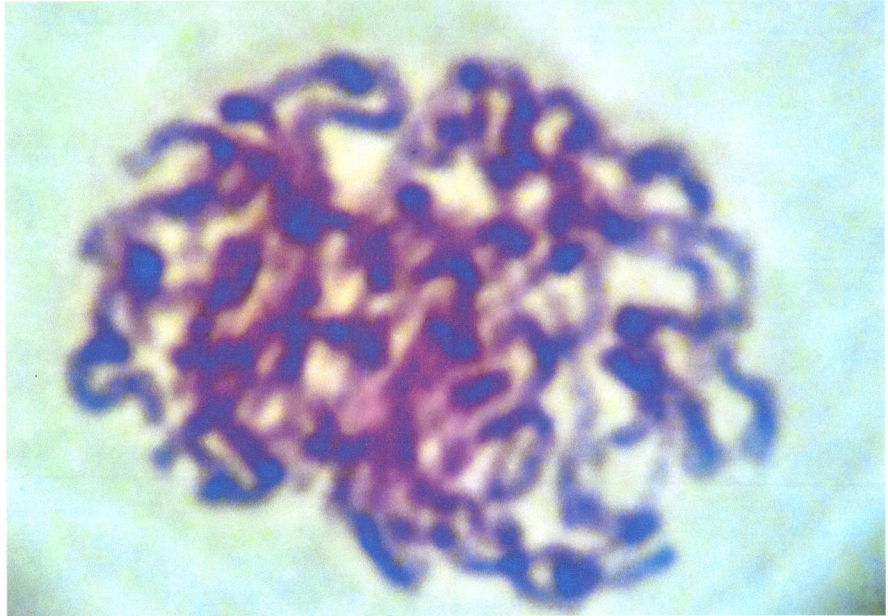

Abbildung 11: Verdichtungszustand mit Bändern

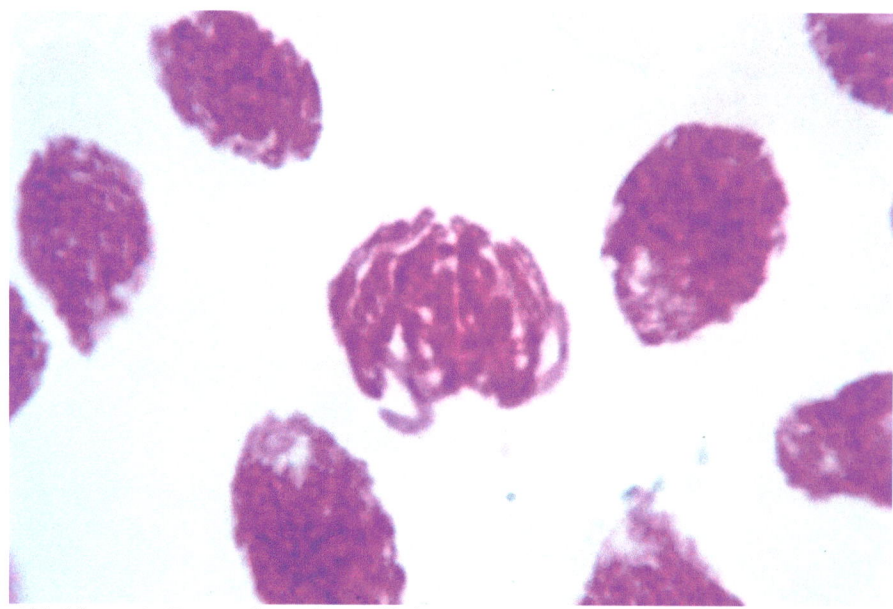

Abbildung 12: Feinstruktur, Doppelfäden

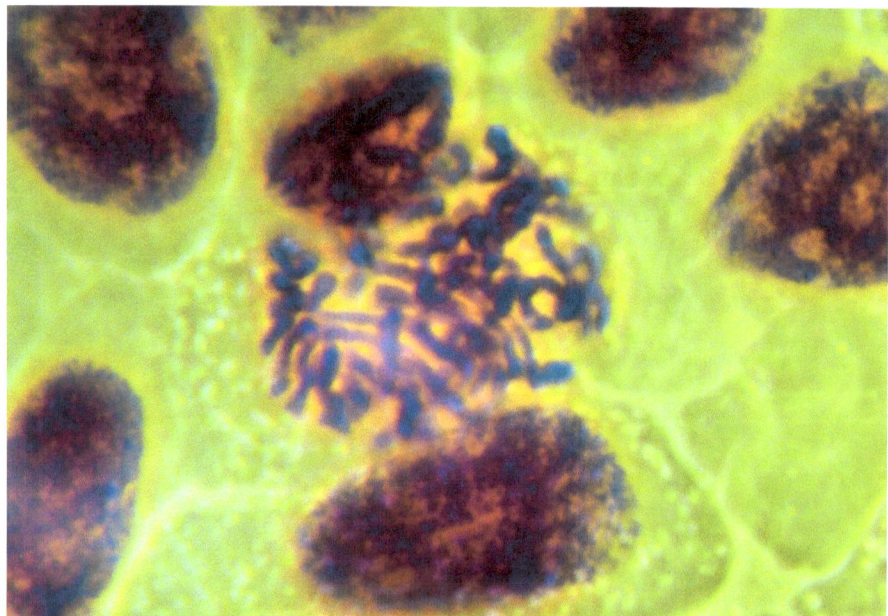

Abbildung 13: Sammeln in der Anaphasenplatte

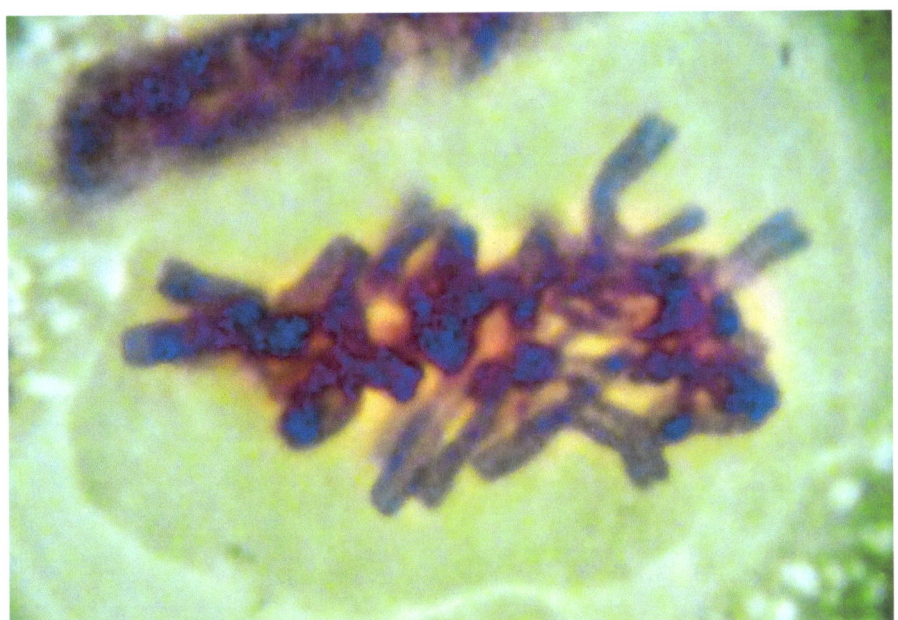

Abbildung 14: Zusammenliegende Chromosomen in der Anaphase

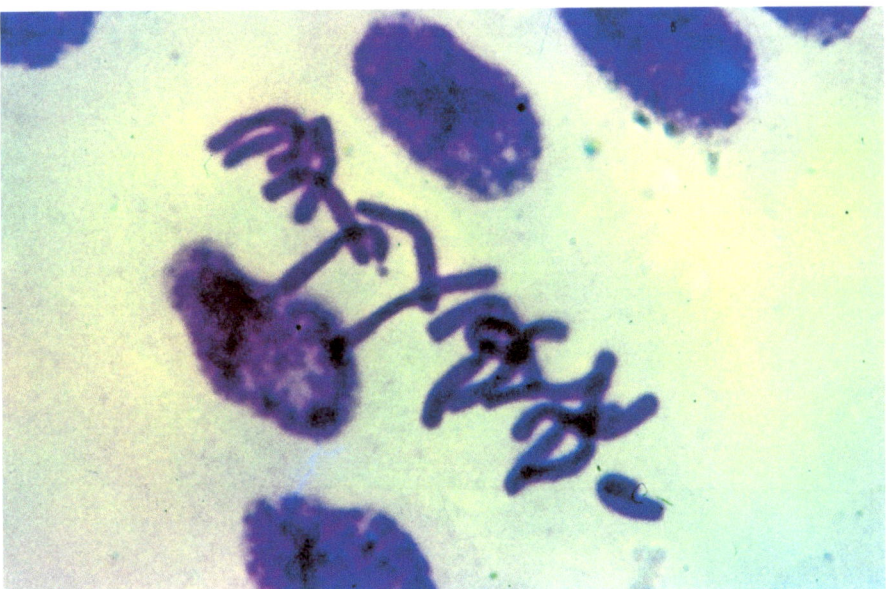

Abbildung 15: Chromosomen mit Zentromeren

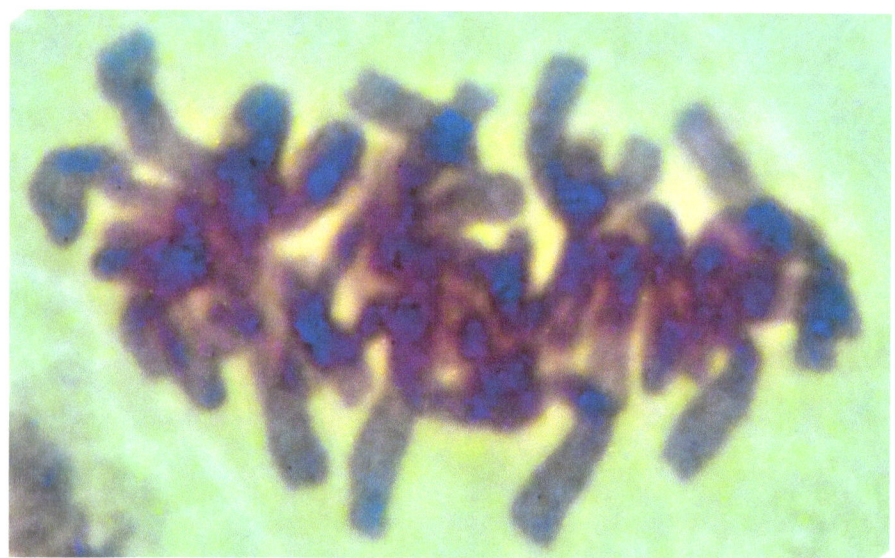

Abbildung 16: Anaphasenplatte mit Doppelchromosomensatz

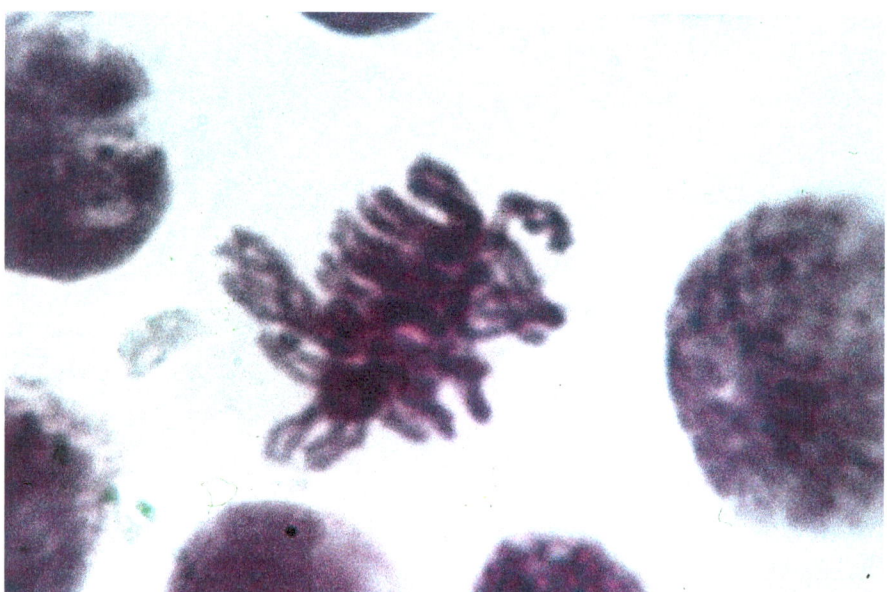

Abbildung 17: Zusammenziehen der Chromosomen in der Platte

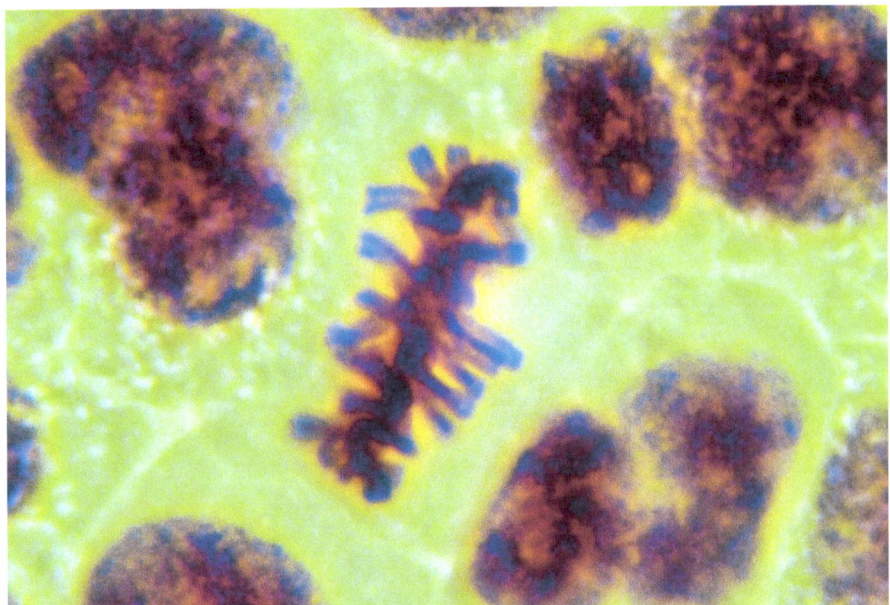

Abbildung 18: Zusammenziehen in der Platte

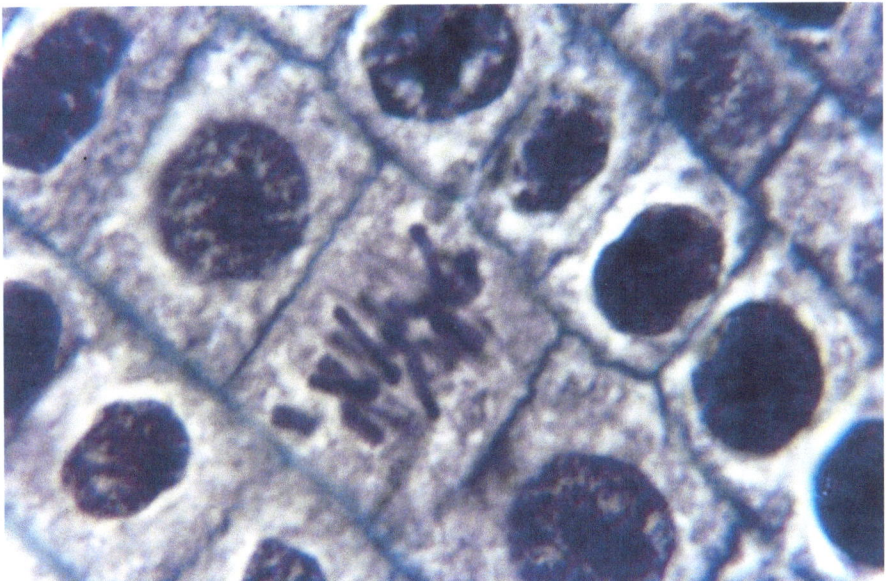

Abbildung 19: Zusammenziehen / Zellverband

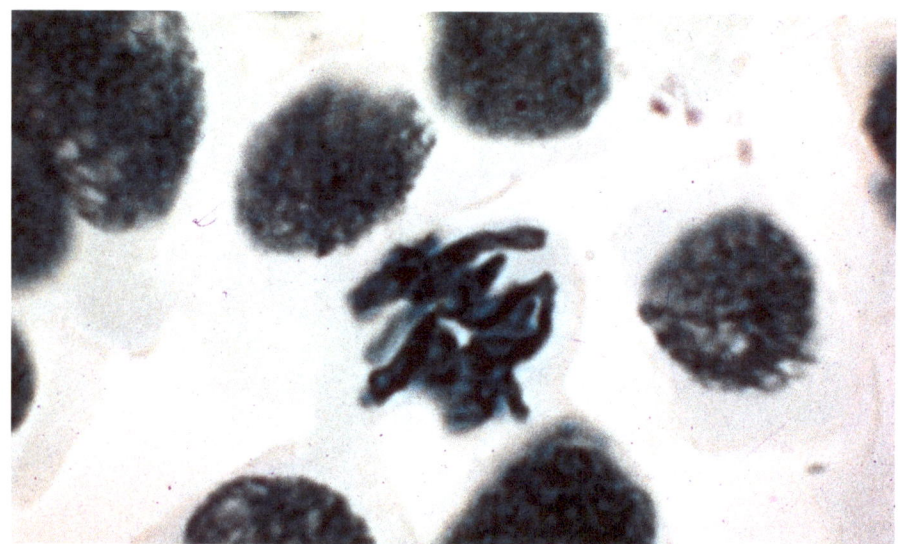

Abbildung 20: Anaphasenplatte

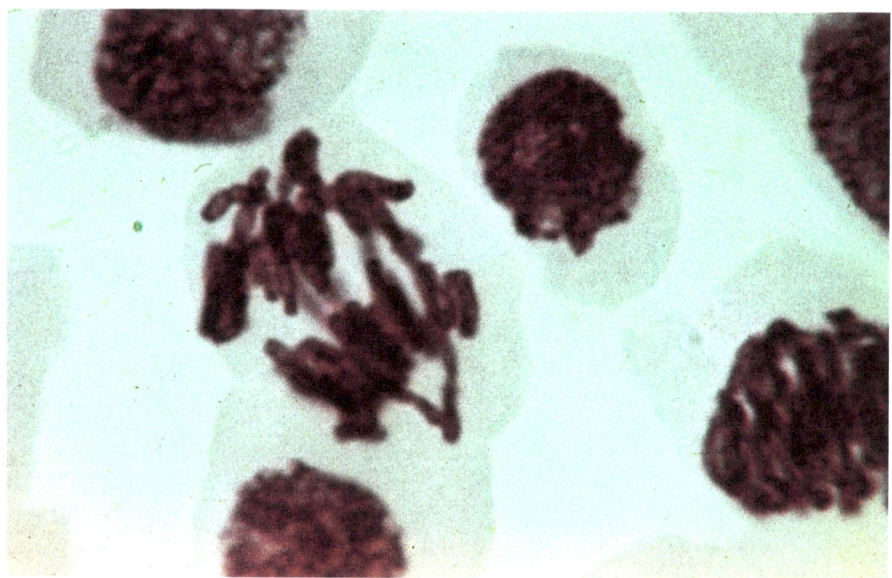

Abbildung 21: Auseinanderziehen der Chromosomen (Doppelfäden)

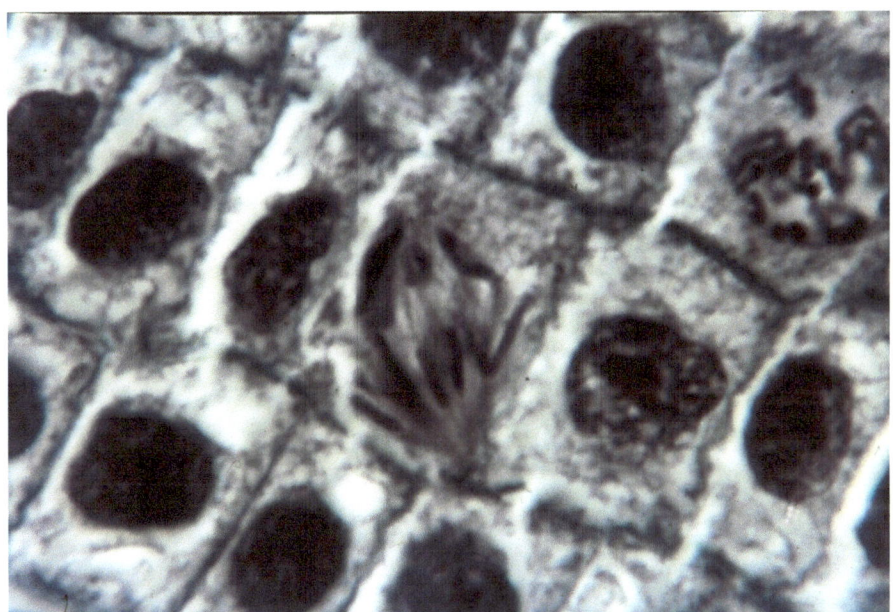

Abbildung 22: Auseinanderziehen mit Spindelsystem

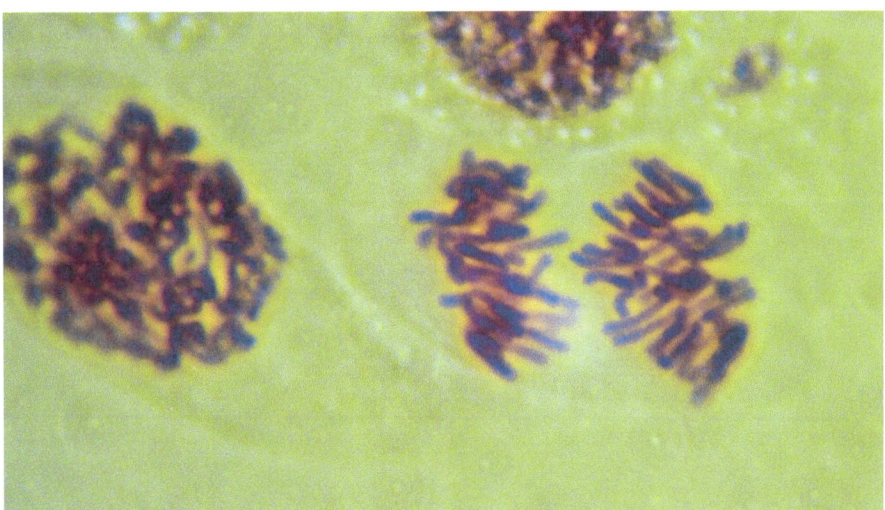

Abbildung 23: Entspiralisieren der Chromosomen nach Teilung

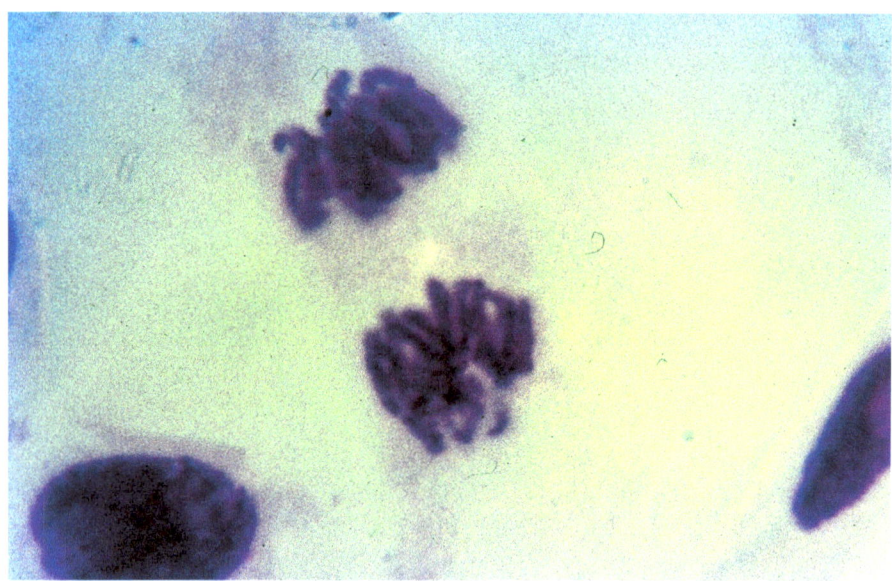

Abbildung 24: Entspiralisieren

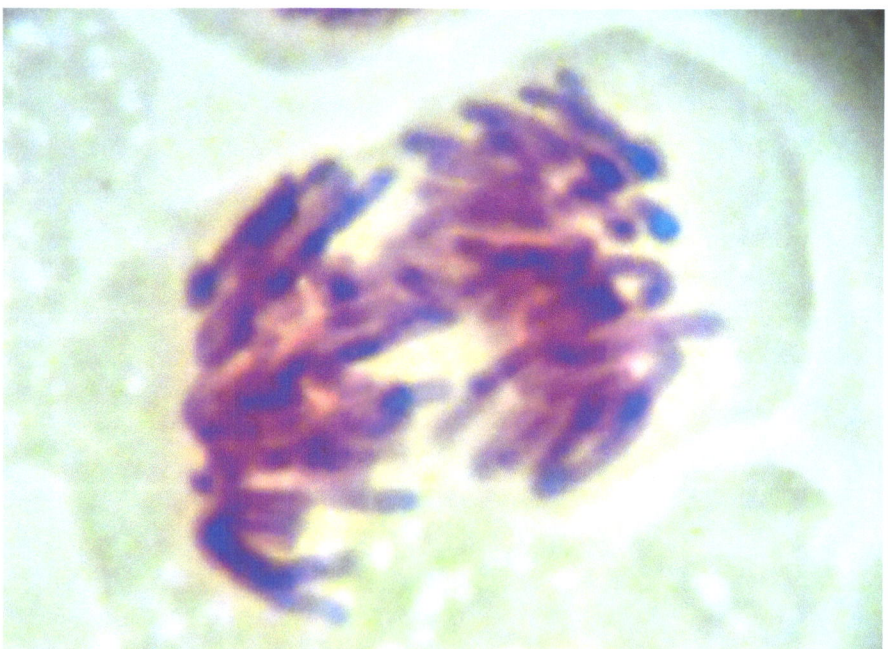

Abbildung 25: Endphase

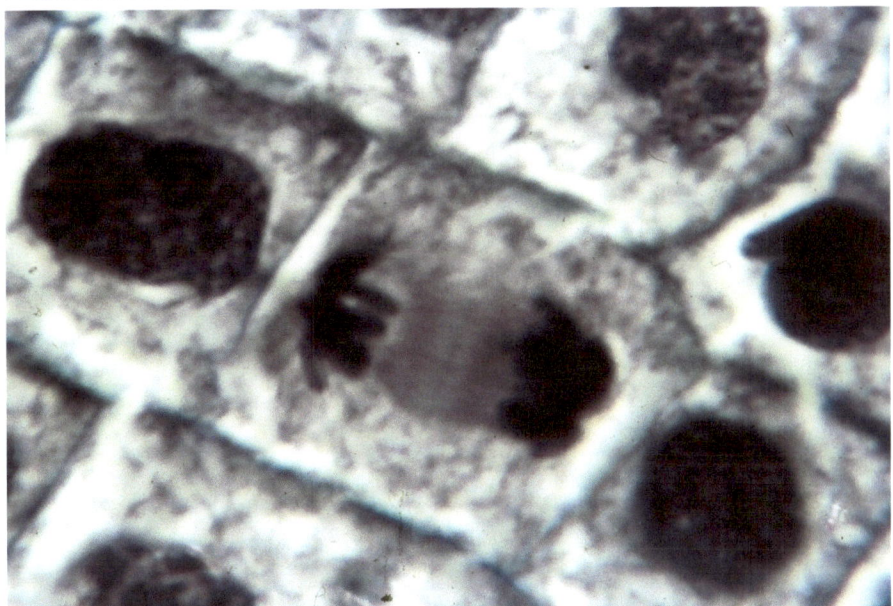

Abbildung 26: Endphase

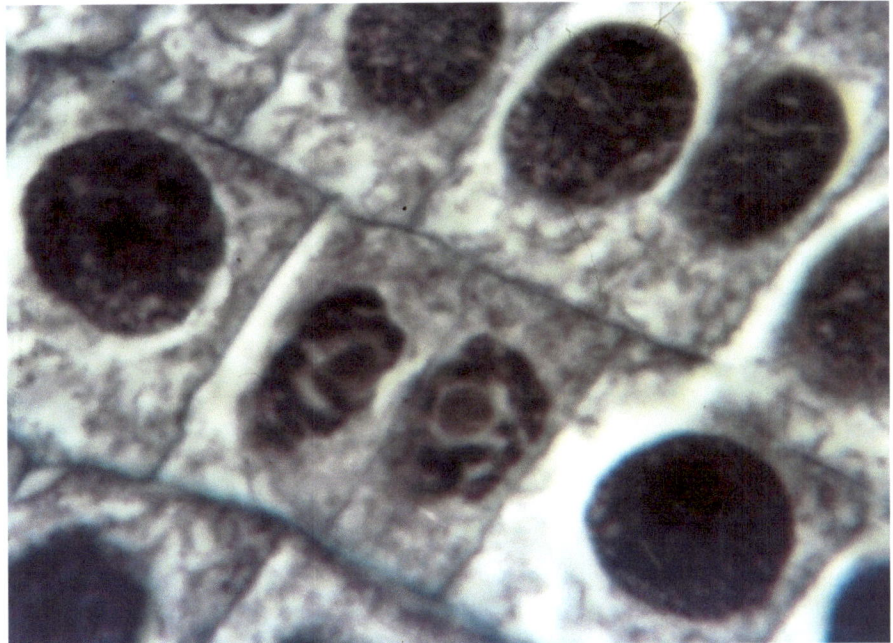

Abbildung 27: Rückbildung der Kerne

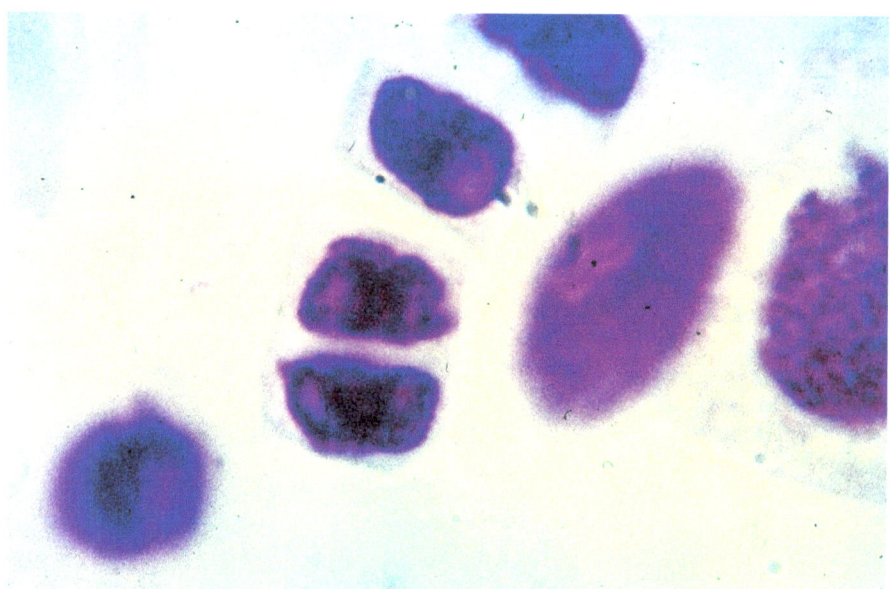

Abbildung 28: Neibildung der Kerne, Restchromosomen

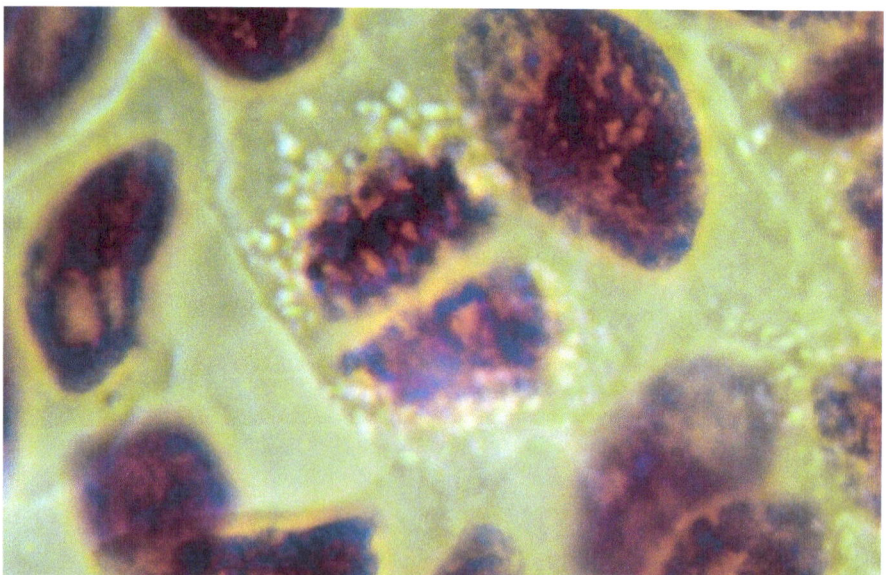

Abbildung 29: Neubildung der Kerne, Restchromosomen

Der Mechanismus der Teilung ist also so angelegt, dass die beiden Tochterzellen exakt die gleiche Erbinformation wie die Mutterzelle besitzen. Jedes Chromosom wird einzeln verdoppelt und bildet dann das Paar der neuen Zelle; es ist zu beachten, dass nicht etwa die beiden in der Regel bereits doppelt vorliegenden Chromosomen auf die Tochterzellen verteilt und dann dort verdoppelt werden. Wie bei der Untersuchung der Meiose deutlich werden wird, bedeuten doppelte (oder multiple) Chromosomensätze nur, dass die Formen gleich und die darauf liegenden Gene für die gleichen Regelvorgänge zuständig sind, aber keineswegs, dass die Kodierungen in allen Zellen identisch sind.

Die Bildtafeln 4- 29 geben einen Überblick über den lichtmikroskopisch zu beobachtenden Verlauf der Zellteilung. Anhand der Beschreibung sollten die Aufnahmen leicht interpretierbar sein, so dass auf Verweise im Text verzichtet wurde. Die Bildreihe enthält Darstellungen der Teilungsvorgänge an Schnittpräparaten sowie an Quetschpräparaten (*siehe experimenteller Teil am Schluss der Arbeit*). Die Färbemethoden betreffen hauptsächlich die Kernmaterie; andere Zellbestandteile bleiben weitgehend unsichtbar. Untersuchungsobjekt war die Wurzelspitze der Küchenzwiebel, die hinreichend viele Teilungen sowie große, gut untersuchbare Chromosomen aufweist.

Dem aufmerksamen Betrachter werden ggf. auch weitere Details auffallen wie beispielsweise Knötchen in den Chromosomen. Hierauf kommen wir in Kapitel 4.5 nochmals zurück.

2.   DIE REDUKTIONSTEILUNG (MEIOSE)

Während bei der Mitose dafür gesorgt wird, dass die vorhandene Erbsubstanz verdoppelt und dann gleichmäßig auf die Tochterzellen verteilt wird, so dass jede Zelle wieder den ursprünglichen Bestand hat, sorgt die Meiose für eine Halbierung des Bestandes. Dies wird notwendig im Rahmen der ge-

1. Abschnitt: Reduktionsteilung
Zur besseren Übersichtlichkeit sind nur je 2 Chromosomenpaare mit jeweils 2 Chromosomen von Vater & Mutter dargestellt.

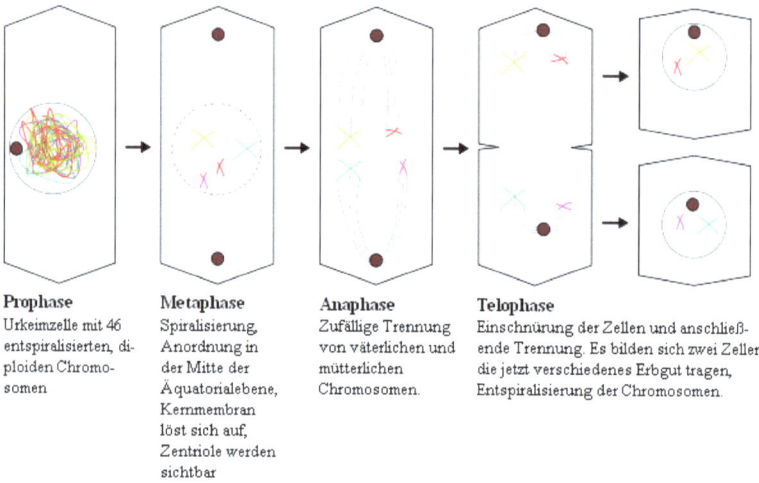

Prophase	**Metaphase**	**Anaphase**	**Telophase**
Urkeimzelle mit 46 entspiralisierten, diploiden Chromosomen	Spiralisierung, Anordnung in der Mitte der Äquatorialebene, Kernmembran löst sich auf, Zentriole werden sichtbar	Zufällige Trennung von väterlichen und mütterlichen Chromosomen.	Einschnürung der Zellen und anschließende Trennung. Es bilden sich zwei Zellen die jetzt verschiedenes Erbgut tragen, Entspiralisierung der Chromosomen.

2. Abschnitt: Äquatorialteilung (entspricht im Grunde einer Mitose)
Ziel: Verdopplung der Geschlechtszellen (=Gameten)

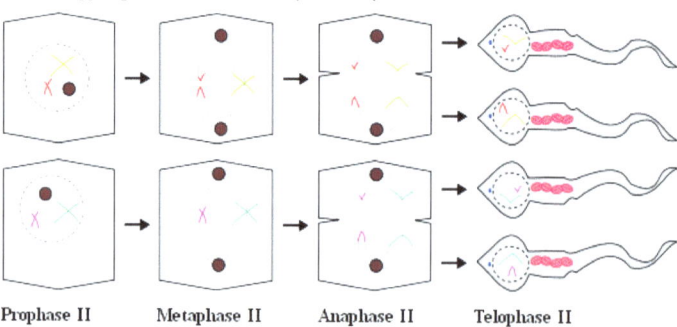

Prophase II   Metaphase II   Anaphase II   Telophase II

Abbildung 30: Meiosephasen

schlechtlichen Fortpflanzung, zu der zwei Partner jeweils eine Zelle beisteuern, um die erste Zelle eines neuen Individuums zu erzeugen.

Der biologische Grund für die geschlechtliche Fortpflanzung liegt in einer
effektiven Variation und Rekombination des Erbmaterials. Vermehren sich Individuen ungeschlechtlich, beispielsweise durch Ableger bei Pflanzen, aus denen neue Pflanzen wachsen können, so sind alle Individuen genetisch identisch. Die Möglichkeiten eines solchen Systems, sich auf geänderte Umstände
einzustellen, sind naturgemäß begrenzt. Vereinen aber zwei Individuem Teile
ihrer Erbinformation, die zwar weitgehend, aber nicht vollständig überein-
stimmen, in einem neuen Individuum, so entstehen neue Kombinationen an
Genen, die möglicherweise besser mit bestimmten Randbedingungen klar-
kommen als die vorhergehenden Individuen.

Damit das funktioniert, dürfen die Eltern aber nur einen Teil ihrer Information weitergeben, da sich ansonsten der Bestand in jeder Generation verdoppelt. Der Teil ist aber nicht beliebig, sondern es muss dafür gesorgt werden, dass ein lebensfähiger Teil weitergegeben wird.

Diese Bedingung ist der Grund dafür, dass der Chromosomenbestand in
der normalen Zelle eine gerade Anzahl aufweist, genauer, dass in der Regel jedes Chromosom zweimal in der Zelle vorkommt.[5] Statt sich zu verdoppeln,
wie bei der Mitose, und in der Teilung die neu gebildeten Doppelfäden voneinander zu trennen, werden in der Meiose die einander gleichen Chromos-
men ohne Verdopplung voneinander getrennt.

In einem Individuum stammt daher die Hälfte der Chromosomen vom
Vater, die andere Hälfte von der Mutter. Bei der Teilung spielt es keine Rolle,
woher ein Chromosom stammt. Wie groß die Zahl der allein daraus resultieren
Kombinationen an Vater- und Mutterchromosomen ist, zeigt eine kurze Über-
legung: der Mensch besitzt 46 Chromosomen, d.h. 22 identisch aussehende
Paare und 2 Geschlechtschromosomen, die bei der Frau wiederum identisches
Aussehen haben und als XX-Chromosomensatz bezeichnet werden, beim
Mann unterschiedliches Aussehen besitzen und XY-Chromosomensatz ge-
nannt werden. Bei der Reduktionsteilung besteht für jedes Chromosom die

---

5 Das gilt nicht für alle Chromosomen. Die geschlechtsspezifischen Chromosomen
   können auch in Einzahl auftreten.

Wahrscheinlichkeit ½, ausgewählt zu werden, was insgesamt $2^{23} = 8.388,608$ verschiedene Kombinationen von Chromosomen für eine der Geschlechtszellen ergibt.

Damit die Teilung der Chromosomen überhaupt gelingt, „paaren" sich gleiche Chromosomen ähnlich der Duplikate der Mitose und können dann wie diese getrennt werden. Diese Paarung nutzt die Natur noch für einen weiteren Mischvorgang aus. Auf jedem Chromosom liegen viele Gene, und würden nur die Chromosomen getrennt werden, blieben die Gene trotz der Vielfalt immer zusammen. Bei der Paarung werden deshalb zusätzlich Stücke zwischen den Chromosomen ausgetauscht, was die Anzahl der möglichen Kombinationen der Gene nochmals erhöht. Die ausgetauschten Stücke enthalten jeweils eines oder mehrere Gene, d.h. die möglichen Austauschstellen werden auch wieder durch spezielle Sequenzen gesteuert (*ansonsten wäre die Gefahr zu groß, dass nur noch Unfug herauskommt*). Die Anzahl der Möglichkeiten der Genaufteilung an die Nachkommen wird damit nochmals vervielfacht.[6]

Erkennbar ist dies durch Fortpflanzungsexperimente, bei denen mindestens zwei Gene beobachtet werden, die auf dem gleichen Chromosom liegen. Obwohl zwei Chromosomen jeder Sorte vorliegen, wird oft nur ein Gen auf einem Chromosom im Zellleben ausgewertet (*sind die Gene verschieden, wird das aktive Gen dominant, das andere rezessiv genannt*). Verantwortlich dafür sind die Regelmechanismen, die eines der Gene abblocken, weil die Blockproteine stärker an diese Kombination von DNA-Bausteinen bindet. Führen die Gene zu makroskopisch beobachtbaren Eigenschaften, so sind bestimmte Verhältnisse an Eigenschaften aufgrund der Kombinationsmöglichkeiten, die durch die mendelschen Regeln beschrieben werden, zu beobachten. Die Rekombination führt dazu, dass diese Regeln durchbrochen werden und Genkombinationen auftreten, die durch die Kombinationsmöglichkeiten der Chromosomen nicht erklärt werden können..

An die erste Teilung, bei der die Chromosomen getrennt werden, schließt sich eine zweite Teilung an, die als modifizierte Mitose mit dem halben Chromosomensatz abläuft. Hierbei werden nicht Doppelpaare voneinander ge-

---

6 Streng betrachtet erklären diese Vorgänge aber nur Variationen innerhalb einer Art. Wie sich Arten in Gattungen aufteilen können, ist damit noch nicht erklärbar (siehe unten).

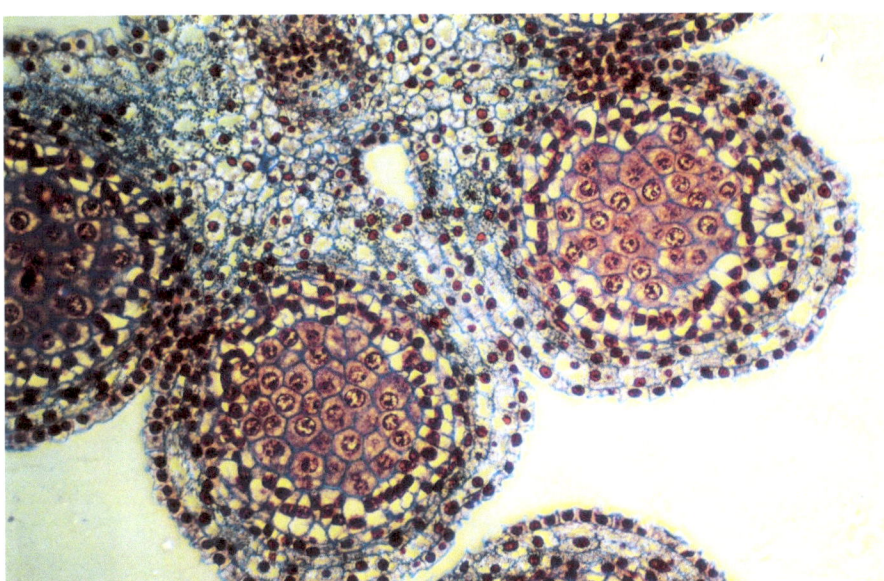

Abbildung 31: Pollenmutterzellen

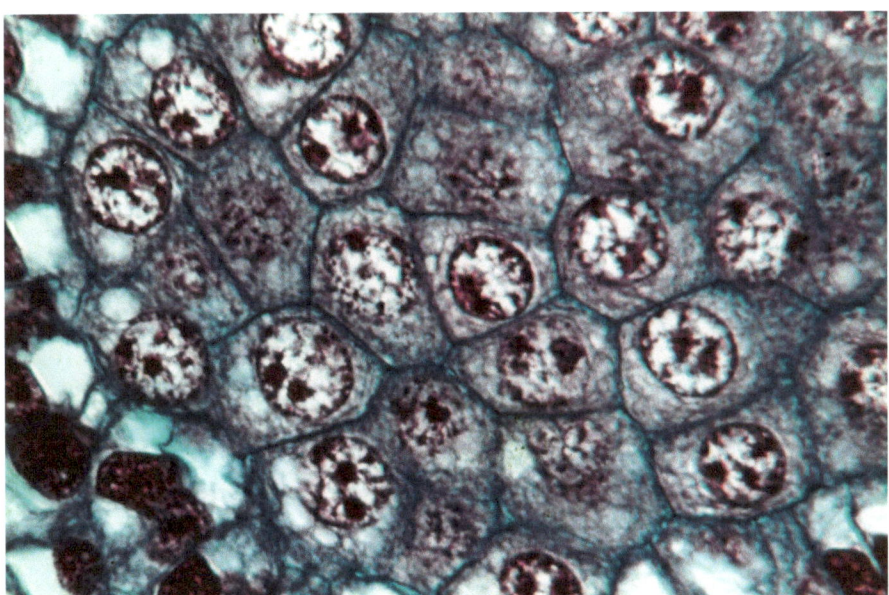

Abbildung 32: Chromatinfäden in den Mutterzellkernen

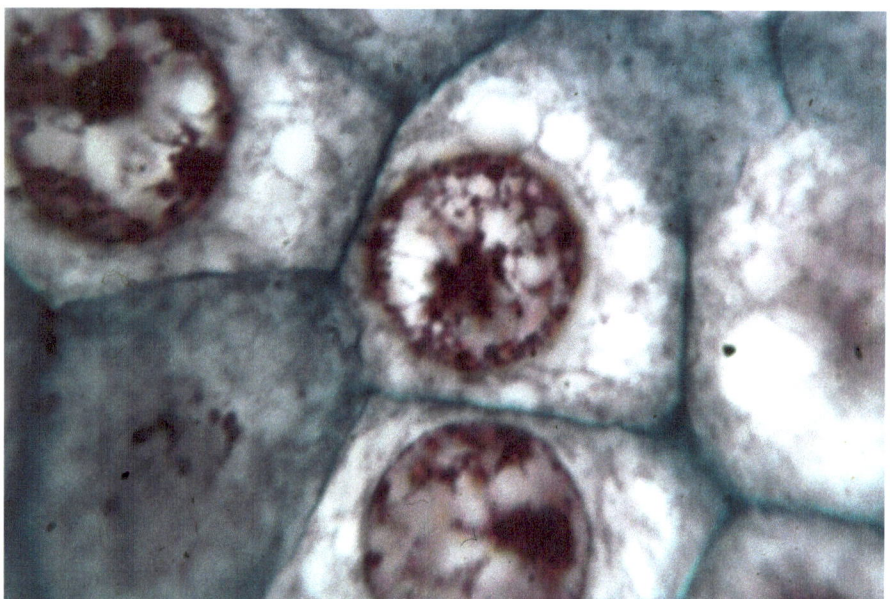

Abbildung 33: Chromatinfäden

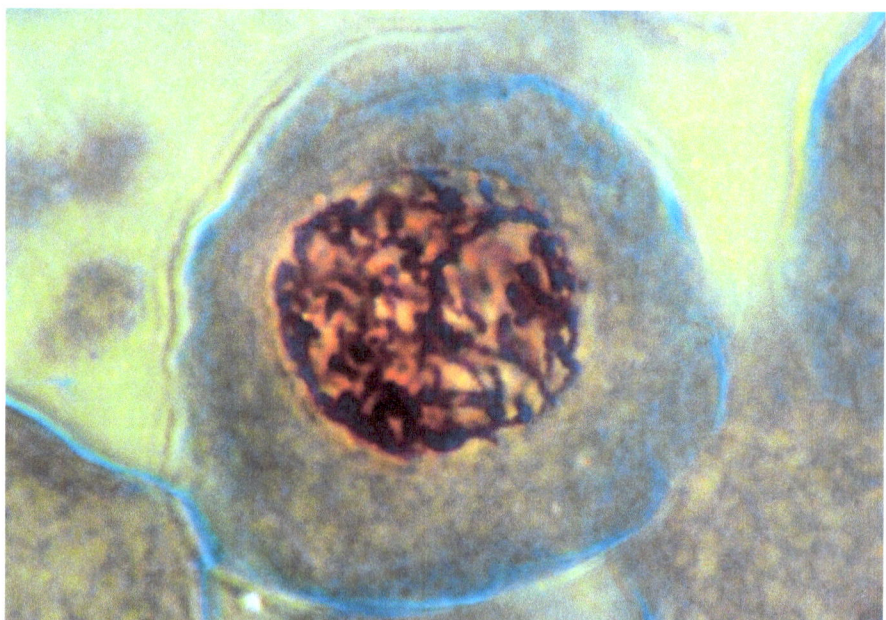

Abbildung 34: erstes Verdichtungsstadium zu den Chromosomen

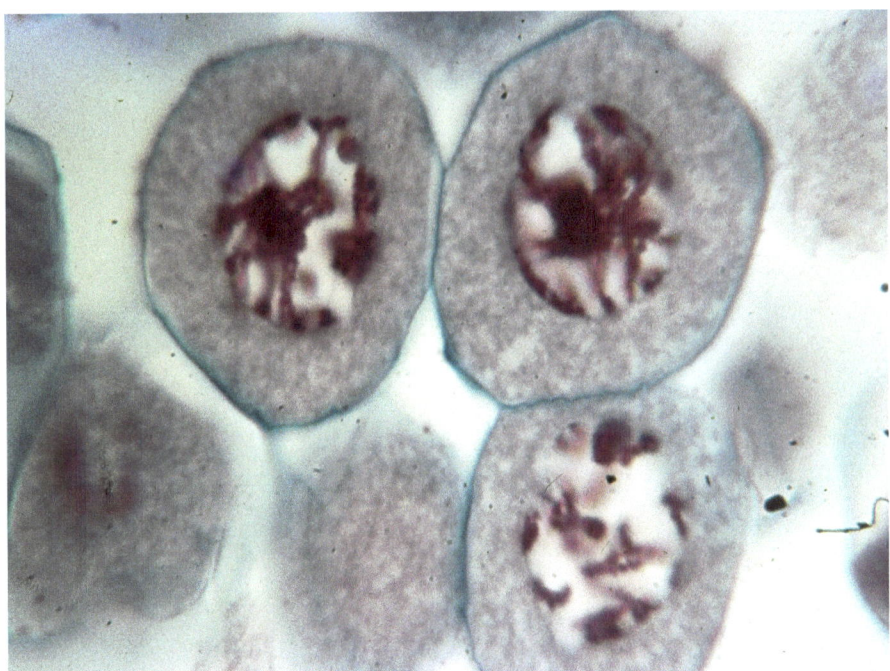

Abbildung 35: Paarung der Fäden

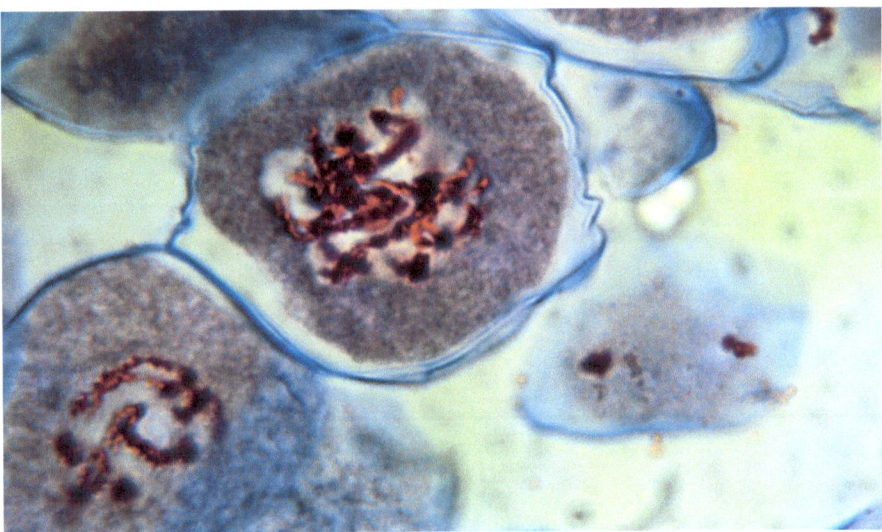

Abbildung 36: gepaarte Fäden

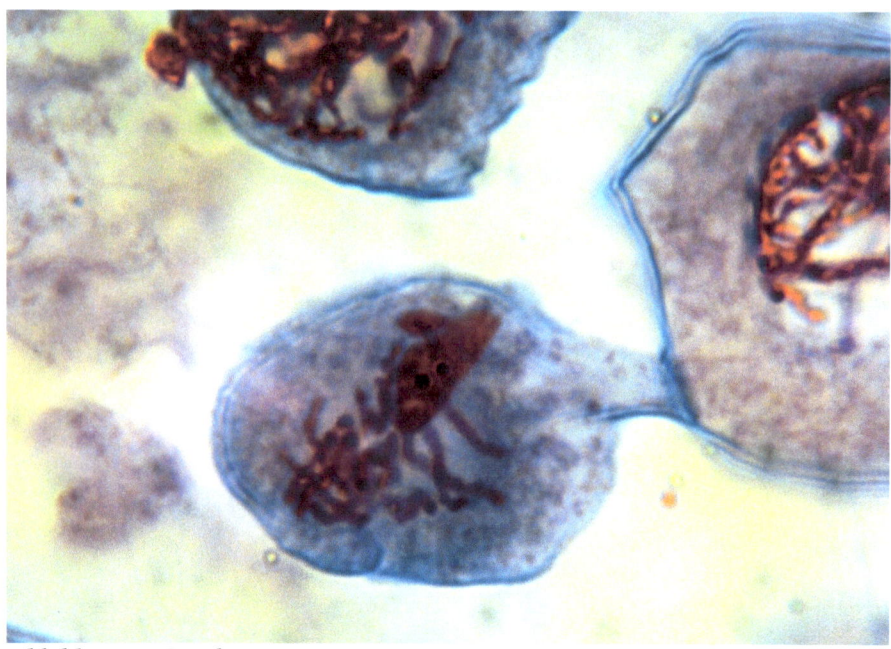

Abbildung 37: Prophase

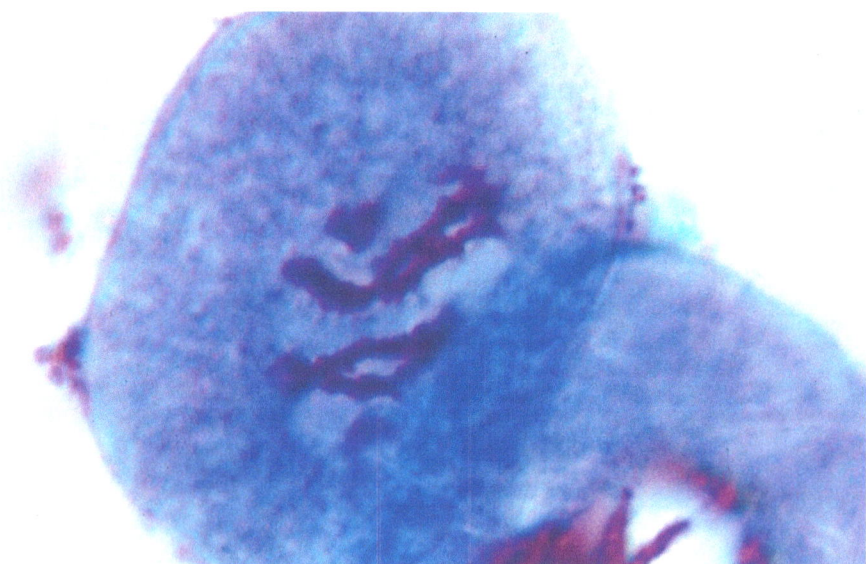

Abbildung 38: Crossing-Over

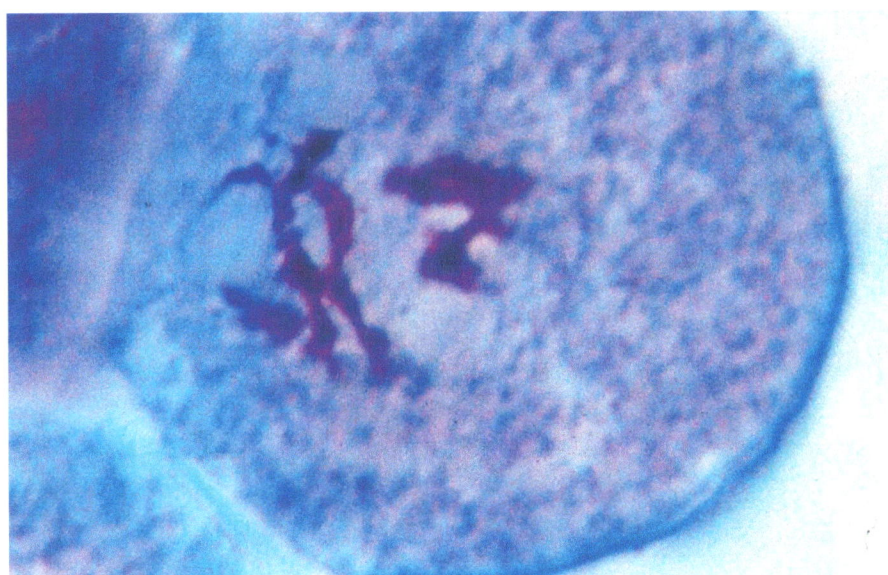

Abbildung 39: Crossing-Over

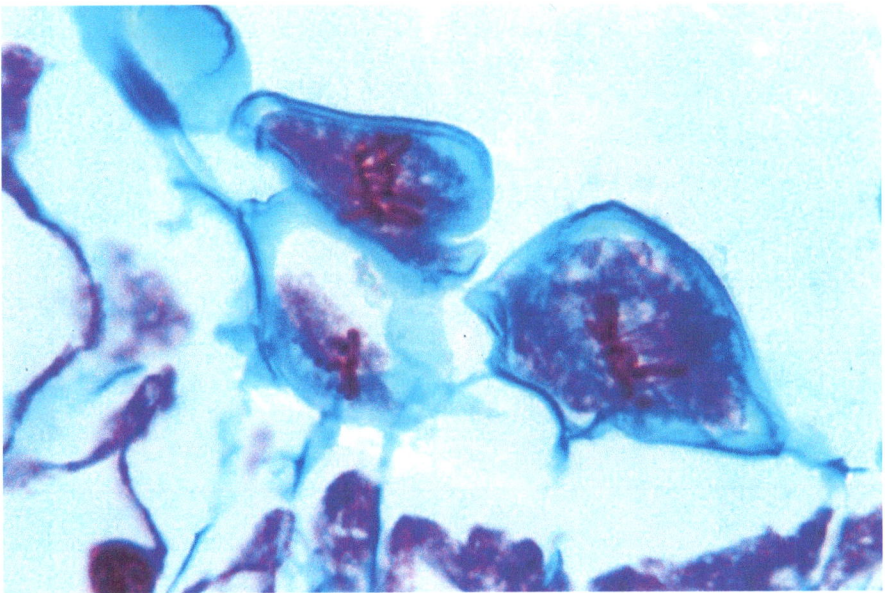

Abbildung 40: Metaphasenplatten

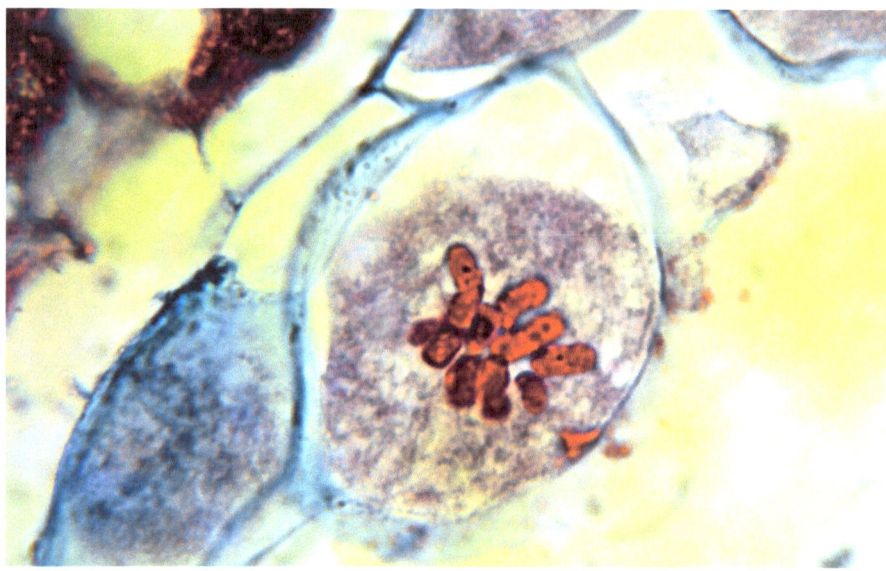

Abbildung 41: Metaphasenplatte vor der Trennung

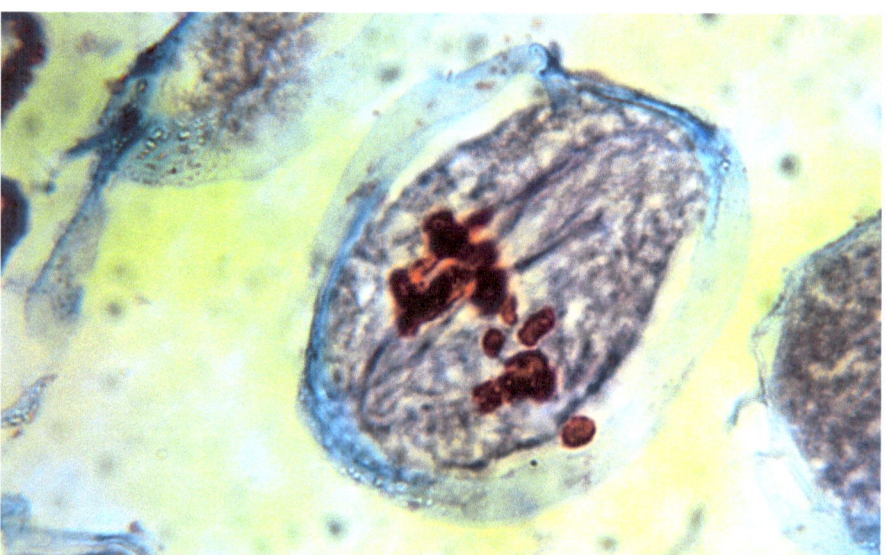

Abbildung 42: Anaphase

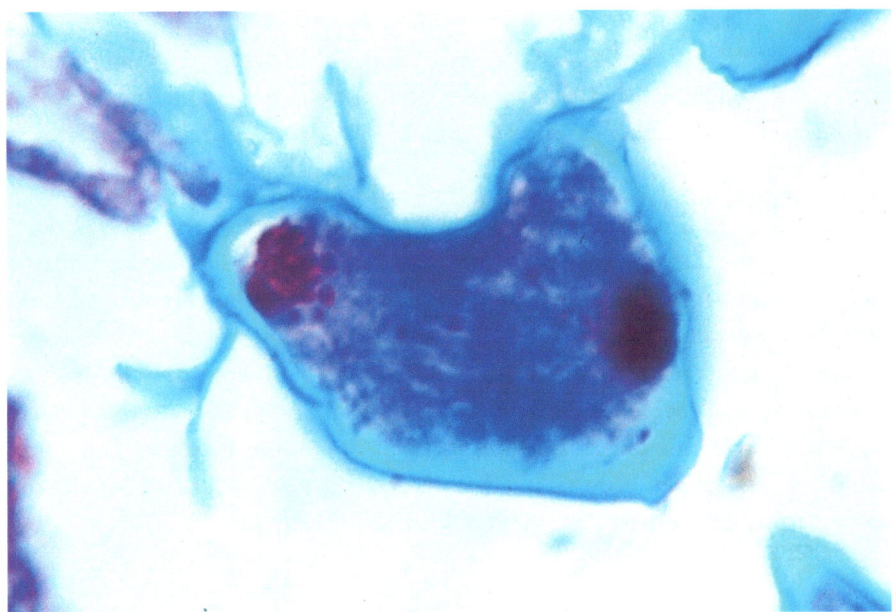

Abbildung 43: Telophase

trennt (*aufgrund der Meiose existieren keine Doppelpaare*), sondern die Duplikate. Insgesamt entstehen so vier Geschlechtszellen aus einer Mutterzelle. Bei männlichen Individuen werden in der Regel alle vier Zellen für den Geschlechtsvorgang genutzt, während sich bei den Weibchen meist nur eine Zelle zur Geschlechtszelle entwickelt und die anderen Hilfsdienste (*Ernährung der Hauptzelle und ggf. auch der neuen Generation*) beisteuern.

Die Fotografien 31 - 43 zeigen den kompletten Meiosevorgang am Beispiel der Pollenentwicklung der Lilie in einer Schnittserie. Die Lilie besitzt sehr große Zellkerne, was die Beobachtung der verschiedenen Stadien bis hin zu Details der Chromatinfäden erlaubt. Abbildung 38 und Abbildung 39 zeigen Rekombinationsstellen, an denen Chromatinfäden miteinander verbunden sind. Die modifizierte Mitose ist nicht in der Aufnahmeserie enthalten.

3. TIERISCHE PRÄPARATE

Die grundlegenden Phasen der Zellteilungen wurde in den ersten beiden Kapiteln ausschließlich an pflanzlichen Präparaten vorgestellt. Im tierischen Organismus laufen natürlich die gleichen Vorgänge ab, sind aber schwerer zu finden und auch weniger leicht mikroskopisch zu untersuchen, da tierische Zellen oft kleiner als Pflanzenzellen sind.

Die besten Erfolgsaussichten hat man bei den männlichen Keimdrüsen während der Paarungszeit. Spermien werden über einen längeren Zeitraum in großer Zahl produziert, und die Möglichkeit, hier Meiosestadien beobachten zu können, ist daher relativ gut. Abbildung 44 zeigt einen Querschnitt durch den Hoden eines Molches bei schwacher Vergrößerung, der unterschiedliche Stadien der Spermiogenese bis zum fertigen Spermium aufweist. Die Abbildungen 45 - 47 zeigen Prophasestadien mit Details des Chromatins sowie Anaphaseplatten. Im Präparat lassen sich noch weitere Stadien identifizieren, wo -

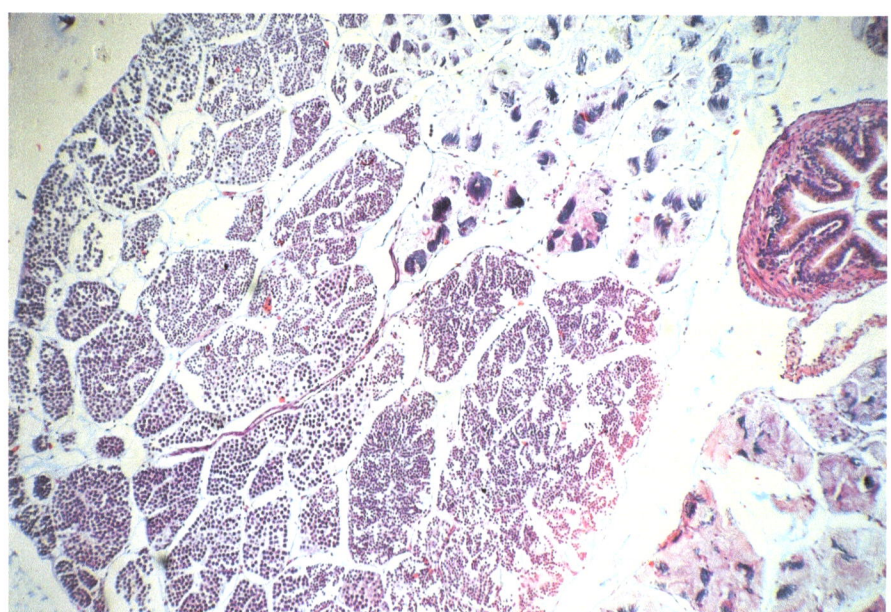

Abbildung 44: Molch, Schnitt durch den Hoden

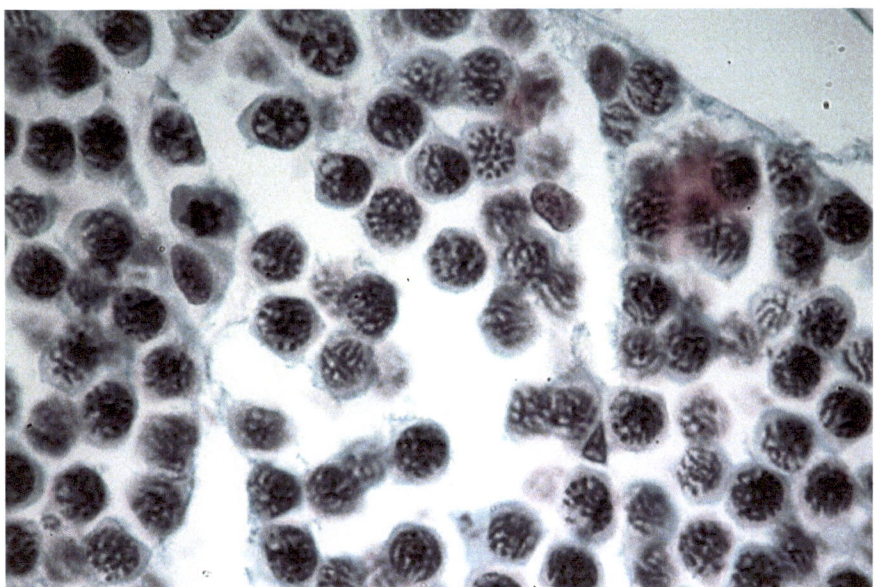

Abbildung 46: Prophasekerne der Meiose, ca. 600 fach

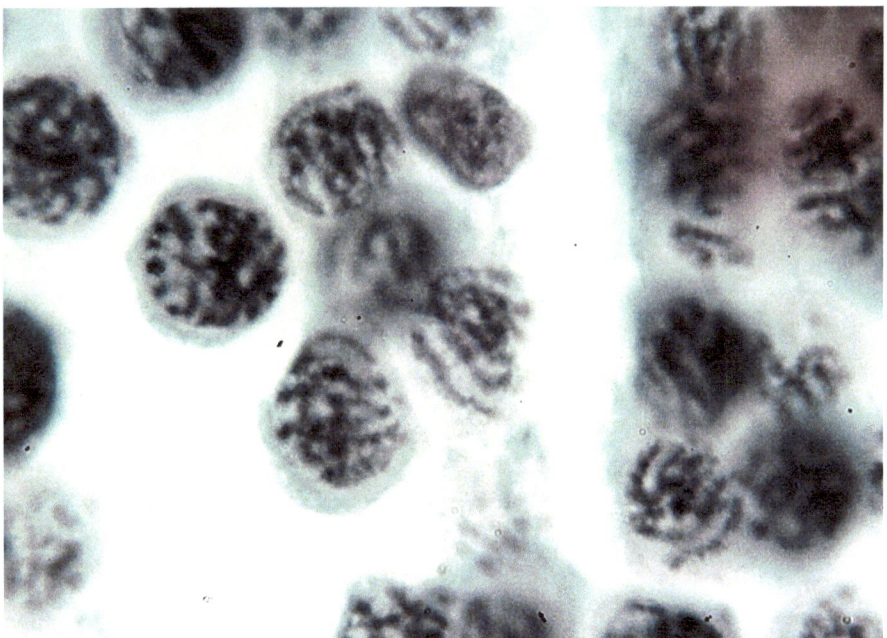

Abbildung 45: Prophase, ca. 1200 fach

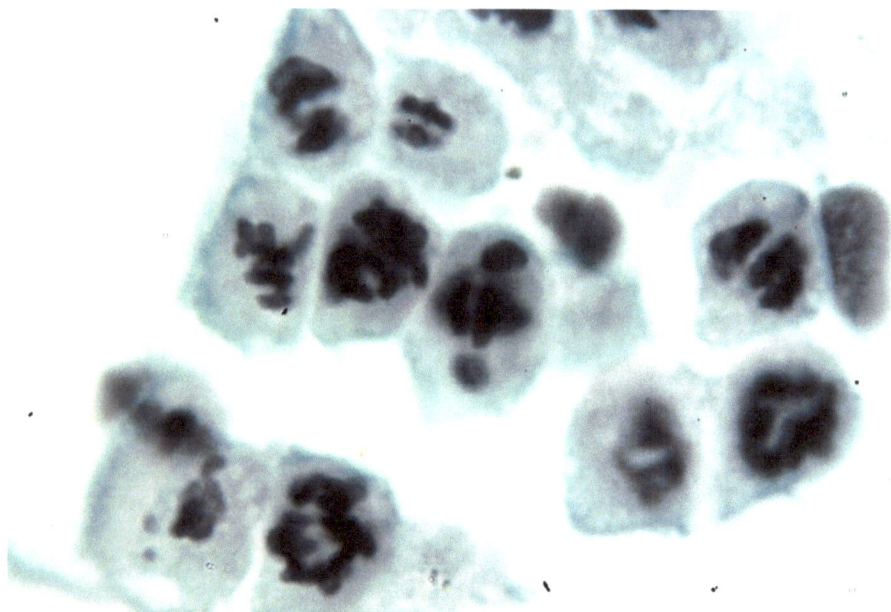

Abbildung 47: Anaphasenplatten

bei in einer Samenblase jeweils alle Zellen synchron die gleiche Teilungsphase durchlaufen. Eine eindeutige Zuordnung zur ersten oder zweiten Reifeteilung ist jedoch kaum möglich.

Die Synchronität gilt generell bei fast allen männlichen Geschlechtszellen, auch für die Pollenentwicklung bei Pflanzen. Das macht Sinn, da alle Zellen gleichzeitig freigesetzt werden können. Bei den Eizellen beschränkt sich die Synchronität auf die modifizierte Mitose, die Eizellen selbst entwickeln sich in der Regel einzeln.

In Abbildung 48 sind Schnitte durch den Hoden der Spinne Agelena labyrinthica dargestellt. Geschlechtsreife Spinnenmännchen sind im Herbst leicht zu finden, und eine Schnittserie durch den Hinterleib sollte zum Erfolg bei der Suche nach dem Organ führen. Die Hoden sind einfacher aufgebaut als bei höheren Tieren, und Teilungen erfolgen synchron nur in größeren Zellverbänden, aber nicht im ganzen Organ. In den beiden Aufnahmen sind viele verschiedene Phasen der zwei Reifeteilungen auszumachen.

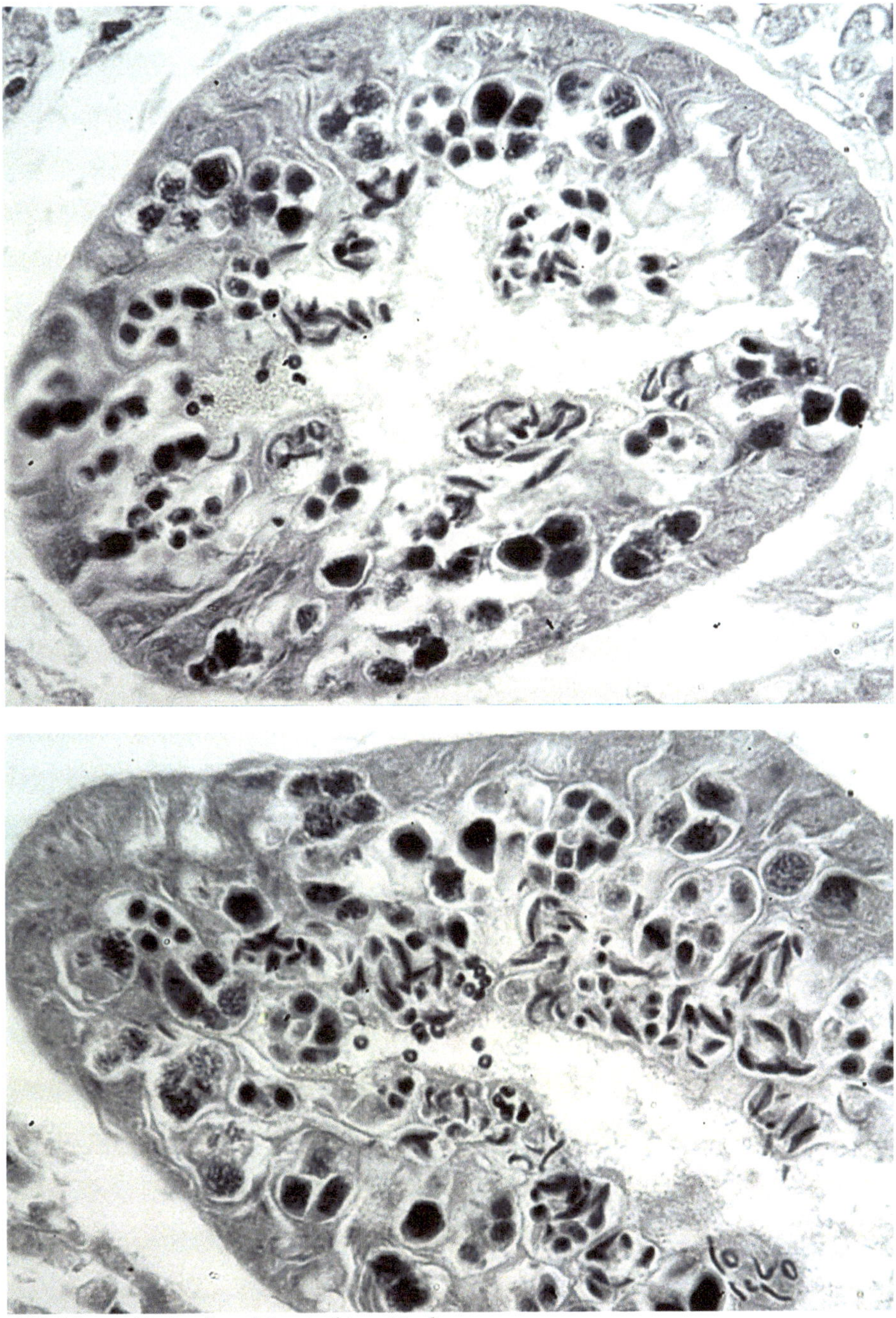

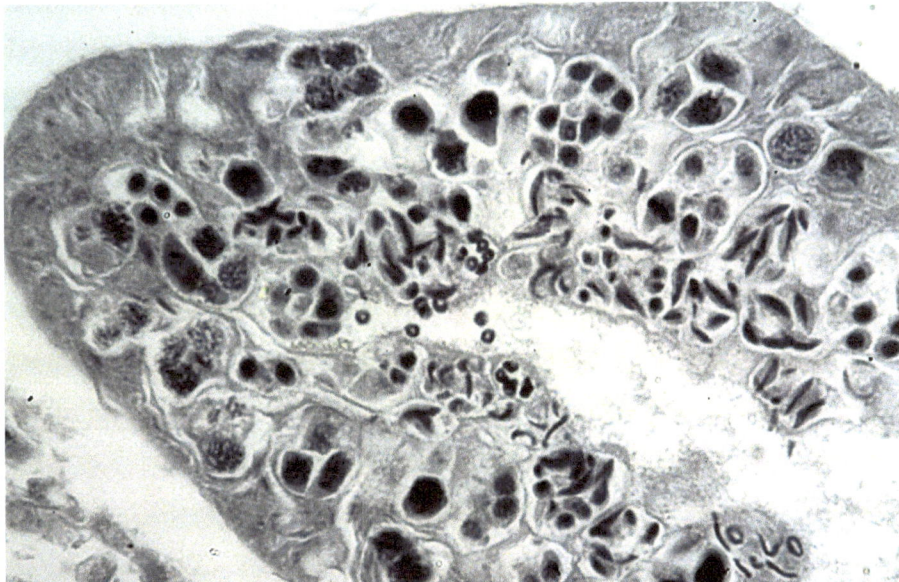

Abbildung 48: Agelena labyrinthica, Hoden

4. Ungewöhnliche Kerne und Teilungen

4.1. Blutzellen

Das Blut der Wirbeltiere besteht aus einer Vielzahl von roten und einer geringeren Zahle von weißen Blutzellen. Die Zellen entwickeln sich im Knochenmark und teilen sich nicht weiter, sobald sie reif sind und in die Blutbahn entlassen werden.

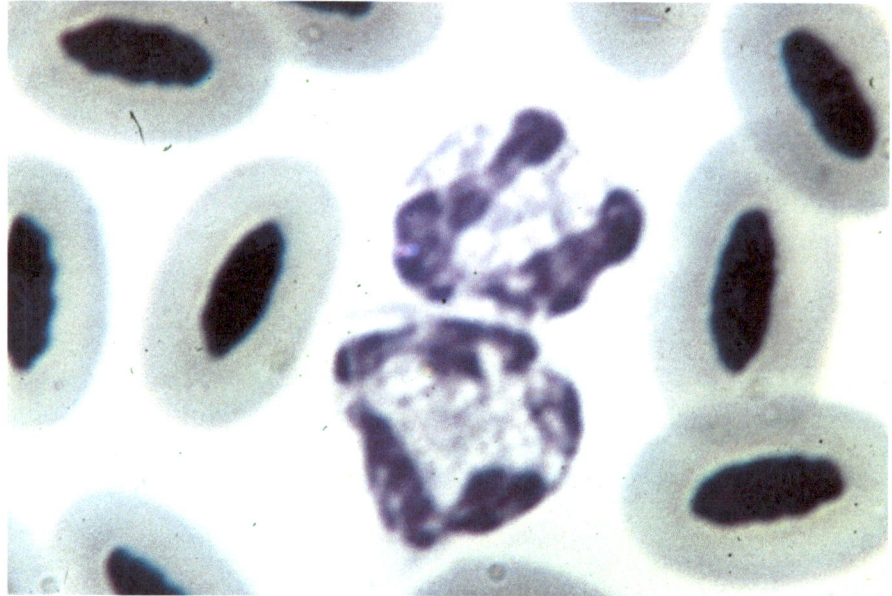

Abbildung 49: Fisch, rote und weiße Blutzellen

Da die Aufgabe der roten Blutzellen auf eine einzige – den Transport des Sauerstoffs zu den Organen – beschränkt ist, sind Kerne eigentlich überflüssig. Während bei Fische, Amphibien und Reptilien in den roten Zellen noch funktionslose Kerne vorhanden sind (*Abbildung 49*), sind diese bei den Säugetieren vollständig wegrationalisiert (*Abbildung 50*).

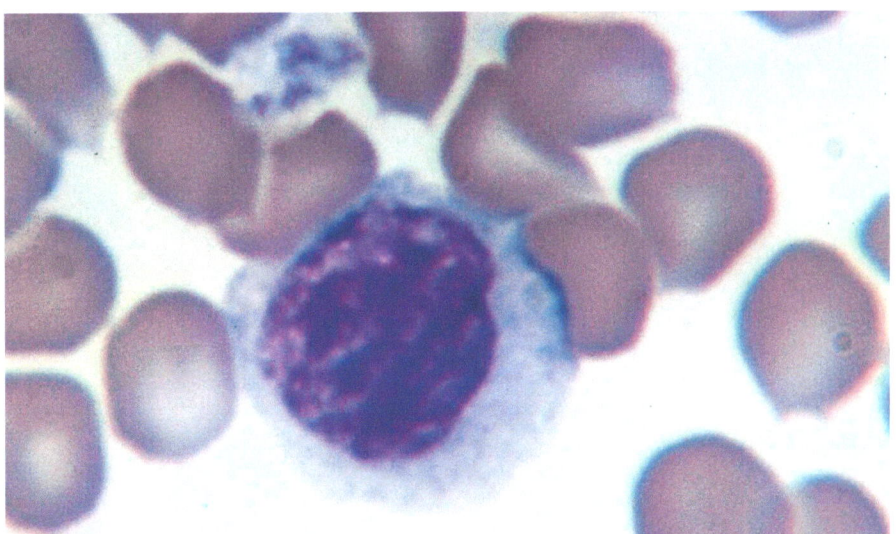

Abbildung 50: Menschliches Blut mit Lymphozyt und Blutplättchen

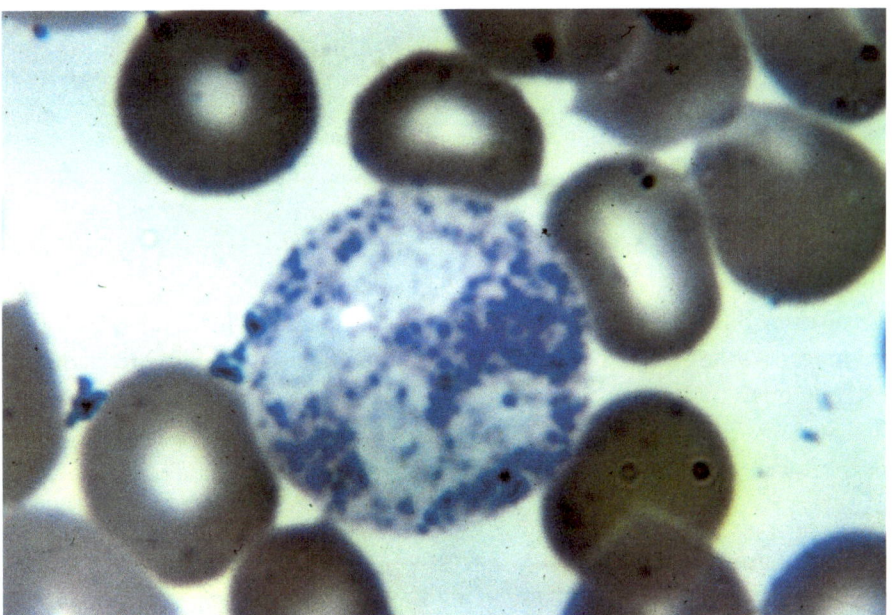

Abbildung 51: Menschliches Blut, basophiler Graulozyt

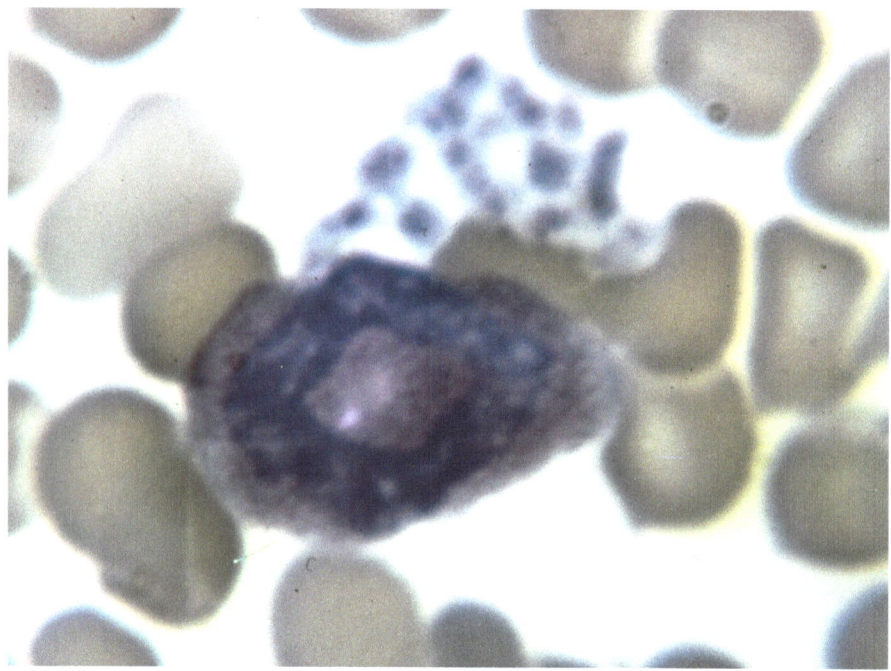

Abbildung 52: Menschliche Blutzellen, neutrophiler Granulozyt, Blutplättchen

Die Aufgabe der weißen Blutzellen ist die der Polizei, die in teilweise sehr komplexen Verfahren eingedrungene Keime, tote Zellen und andere Verunreinigungen aufspüren und beseitigen. Es existiert eine Reihe sehr unterschiedlicher weißer Blutzellen, die jeweils Einzelaufgaben übernehmen, die dann von anderen Typen fortgeführt werden. Die Zellen unterscheiden sich im mikroskopischen Bild sowohl durch die Plasmastruktur als auch die Zellkerne (*Abbildungen 49 - 54*). Die Zellkerne sind auch oft nicht mehr rundlich, sondern gelappt oder in Bänder verzogen, was sie Einzellern wie Amöben ähnlich macht. Die Ähnlichkeit ist beabsichtigt und funktionell bedingt: die Zellen müssen sich wie Einzeller bewegen und durch Spalten zwischen den Zellen der Gewebe drücken können, was eine größere Flexibilität verlangt.

Die Beseitigung des Abfalls erfolgt oft durch Fressen der Fremdkörper (*Abbildung 54*). Auch hierin ähneln die Zellen Einzellern.

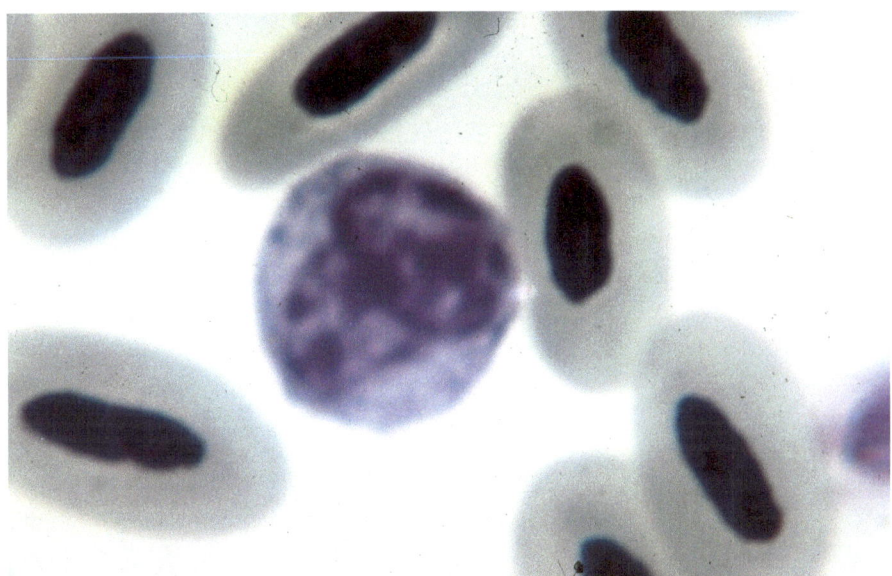

Abbildung 53: Fischblut, eosinophiler Granulozyt

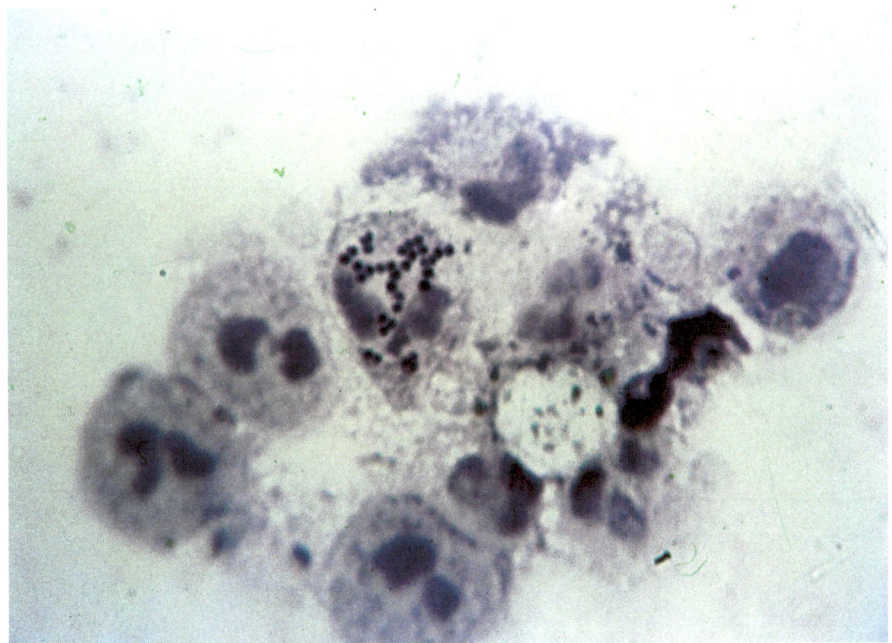

Abbildung 54: Blutzellen aus Eiter mit gefressenen Kokken

4.2. BAKTERIEN

Bakterien besitzen keine derart ausgeprägten Zellstrukturen wie höhere Organismen. Zum einen haben sie ihre ursprüngliche erfolgreiche Organisation bewahrt, zum anderen sind sie zu klein. Letzteres macht auch die mikroskopische Untersuchung mit Lichtmikroskopen problematisch: die Größe vieler Arten liegt bereits am Rande des Auflösungsvermögens, und nur wenige Gruppen erreichen Größen, die auch innere Strukturen in der Bereich der Mikroskope bringt.

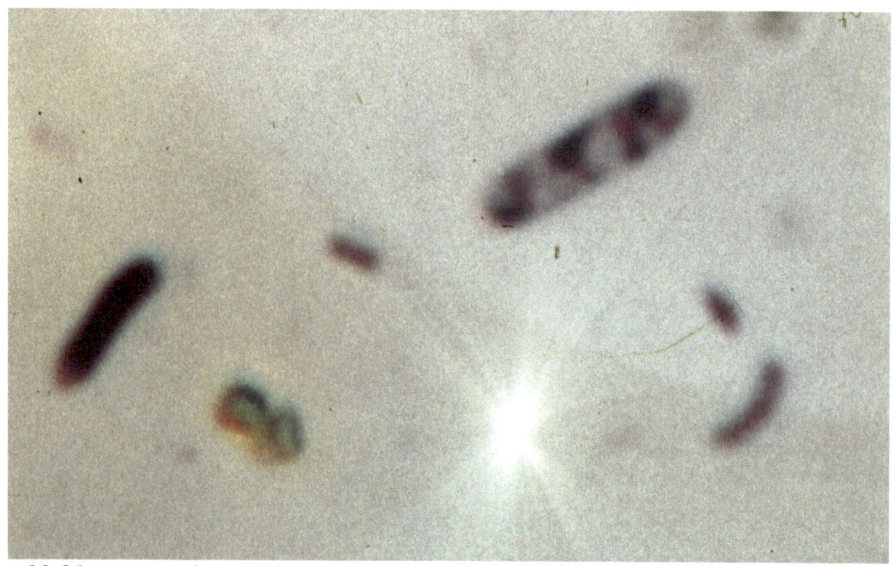

Abbildung 55: Bakterium um DNA/RNA-Färbung

Die DNA, auf die es uns hier ankommt, ist bei ihnen im gesamten Zellraum verteilt und nicht auf einen Kern konzentriert, wobei es sich meist um ein langes ringförmiges Molekül, also noch keine Chromosomen, handelt (*Abbildung 56, elektronenmikroskopische Aufnahme*). Solche Molekülstrukturen liegen außerhalb des lichtmikroskopischen Bereichs.

Bei der Zellteilung laufen im Prinzip die gleichen Vorgänge wie bei der Mitose ab: das Ringmolekül wird verdoppelt und jeder Teilzelle erhält ein Exemplar. Da der Vorgang wird zwar weniger stark kontrolliert wird als bei höhe-

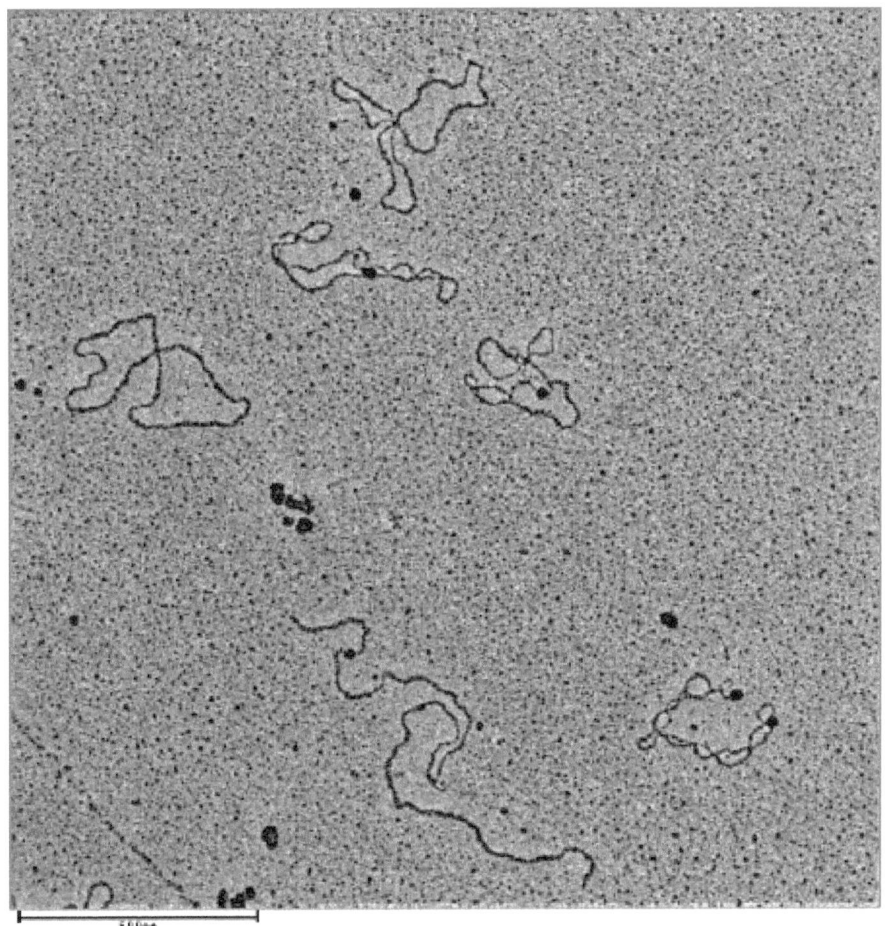

D:\\EH Projects\\Henner1\\Pol_131ccc_003.tif
Henner1 pJB131 ccc + RNA Polymerase IIII x GE v 14.08.06
14-18-2006 15:55:44
Maj   = 4608.0
Hear   = 1234.1

Abbildung 56: E. coli, DNA-Fäden (Ringe)

ren Lebenwesen, läuft jedoch meist recht zuverlässig ab. Unter günstigen Bedingungen ist die Aktivität der DNA-Moldeküle so hoch, dass bei speziellen
DNA-Anfärbungen die zusätzliche Anlagerung der Farbstoffmoleküle zu lichtmikroskopisch sichtbaren Strukturen führt (*Abbildung 55, Abbildung 58, Abbildung 59*).

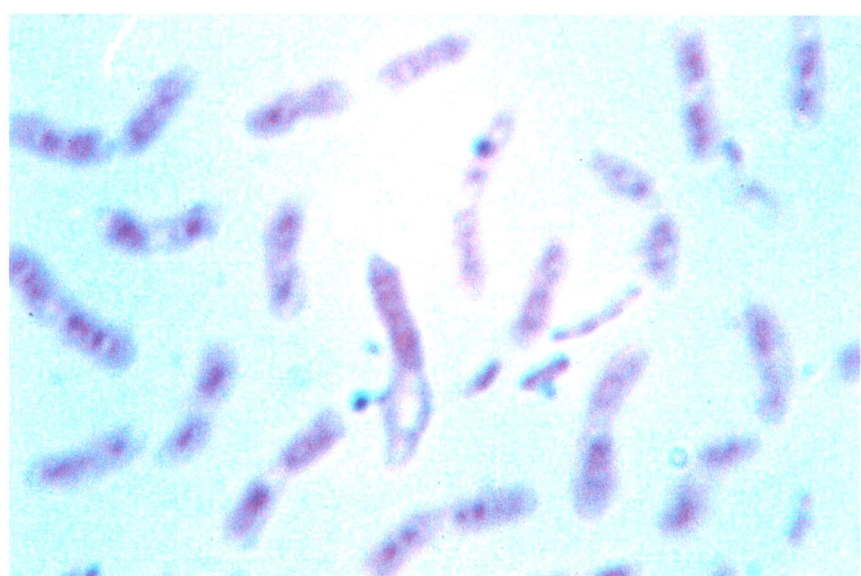

Abbildung 58: Bakterien, DNA-Färbung (+ Sporenbildung)

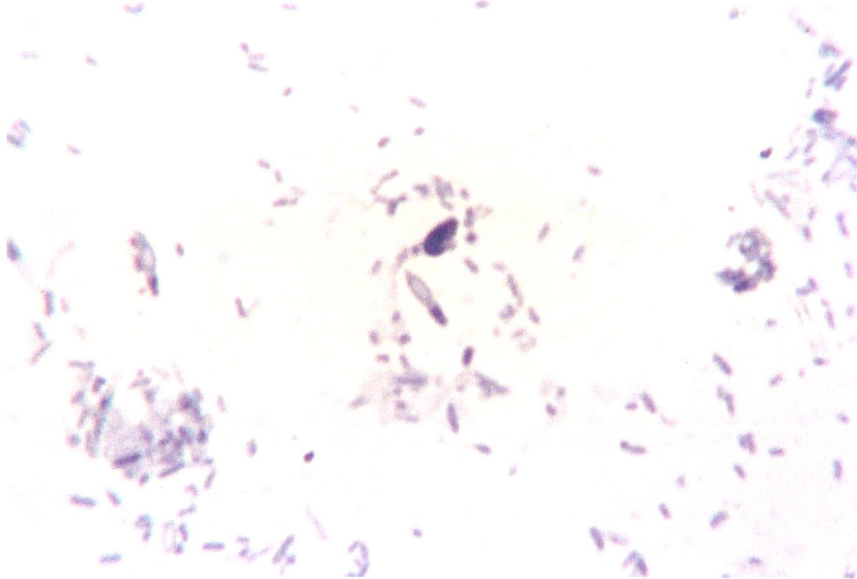

Abbildung 57: Bakterien, DNA-Färbung

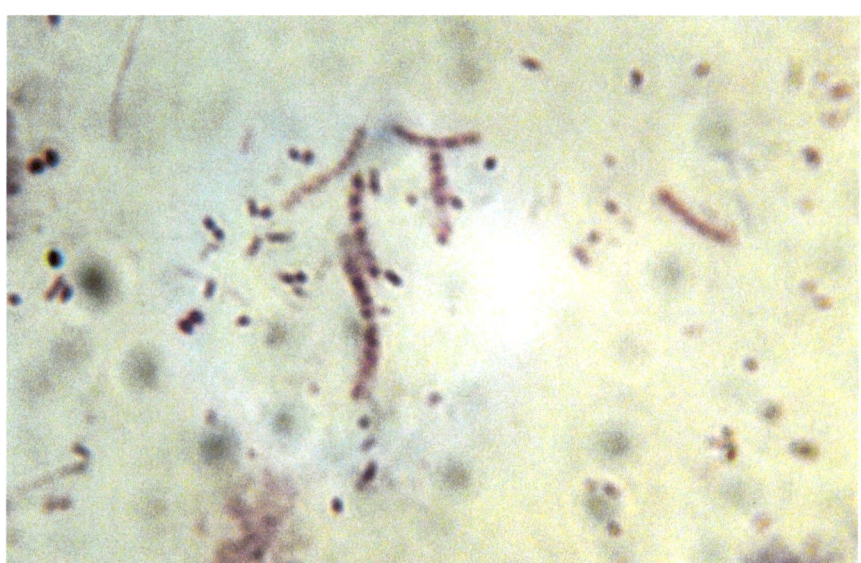

Abbildung 59: Bakterien, DNA-Färbung

Wenn die Umweltbedingungen schlechter werden, konzentrieren viele Arten ihre DNA sowie wenige weitere Bestandteile, die ausreichen, ein neues Bakterium zu bilden, in einer Spore, d.h. einem kleinen, mit einer extrem widerstandsfähigen Schale umgebenen Körperchen (*Abbildung 57, Abbildung 58*). Die Restzelle zerfällt schließlich und gibt die Spore frei. Im Sporenstadium findet kein Stoffwechsel statt, und manche Sporen können ungeeignete Umweltbedingungen Jahrhunderte überdauern.

Unter bestimmten Umständen findet eine Vorstufe zum Geschlechtsverkehr zwischen Bakterien statt, die sogenannte Konjugation: ein Spenderbakterium mit einem DNA-Bruchstück, das aus dem normalen DNA-Ringmolekül ausgekoppelt sein kann, bildet einen Fühler aus und stellt Kontakt zu geeigneten Empfängerbakterien her. Eine Hälfte des Doppelstrangs wird auf das Empfängerbakterium übertragen, anschließend werden bei Monostränge wieder zu Doppelsträngen ergänzt. Der Prozess kann sich fortsetzen, alternativ können die Bruchstücke in die Haupt-DNA integriert werden. Auf diese Weise können genetische Informationen zwischen verschiedenen Organismen ausgetauscht werden, und der Vorgang erinnert ein wenig an die Rekombination während der Meiose.

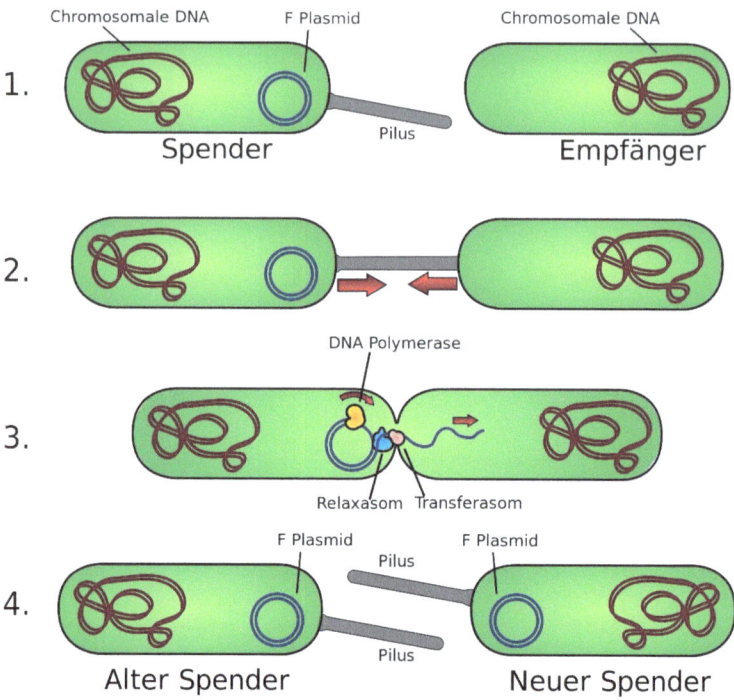

In der Technik werden oft Bakteriophagen – spezielle Viren – eingesetzt, um auf eine vergleichbare Weise bestimmte Gene auf Bakterienstämme zu übertragen (*ein Phage übernimmt die Rolle des Spenderbakteriums, womit er normalerweise seine Vermehrung und den Tod des Empfängers einleitet, der danach nur noch Phagen-DNA oder RNA sowie dessen Hülle produziert; in der Technik ist diese Funktion natürlich abgeschaltet*). In der Natur spielen sich Konjugationen offenbar auch zwischen verschiedenen Bakterienarten ab, wie aus der Übertragung von Resistenzen gegen Antibiotika auf ansonsten recht empfindliche Arten geschlossen werden kann. Darüber hinaus stehen Bakterien sogar in Verdacht, Gene auf diese Art auf oder zwischen Pflanzen übertragen zu können.

4.3. PILZE

Pilze bilden neben Tieren, Pflanzen, Bakterien und Archebakterien ein eigenes Reich im biologischen System. Sie wachsen meist im Verborgenen und werden nur in bestimmte Stadien der Entwicklung sichtbar, und nur diese sind unter Amateurbedingungen einfach zu untersuchen sind.

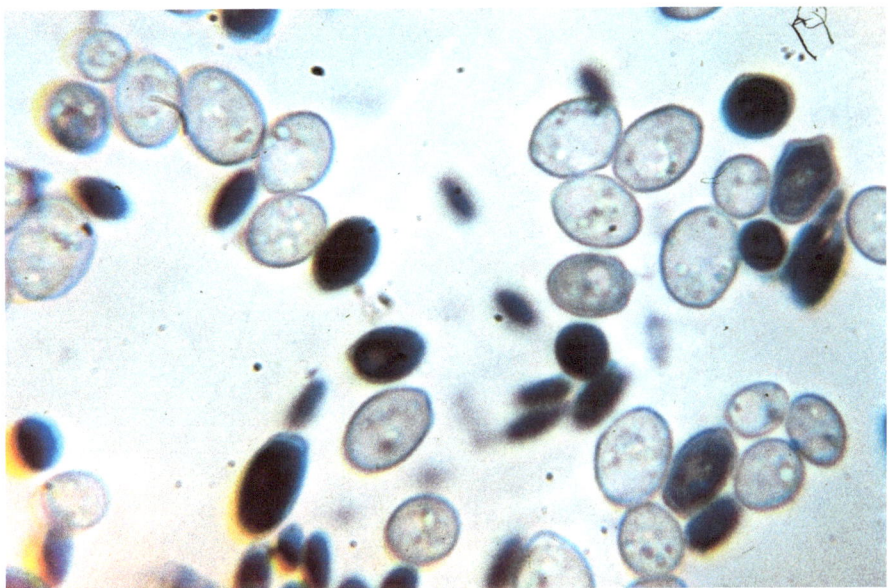

Abbildung 60: Hefezellen mit Mitochondrienfärbung. Kerne = helle Bläschen

Hefen treten vielfach als Einzelzellen in Erscheinung (*Abbildung 60*), die mehr oder weniger ein normales Zellbild zeigen. In der Abbildung sind die Mitochondrien der Zellen angefärbt (*Lebensfärbung*), und die Kerne treten nur als helle Bläschen in Erscheinung. Hefen besitzen zwar bereits Chromosomen und die meisten Organellen der Zellen der höheren Organismen, jedoch werden die Chromosomen bei der Teilung im Lichtmikroskop nicht sichtbar. Die Teilung selbst kann eine normale Querteilung sein, bei der Zelle und Kern scheinbar in der Mitte durchgeschnürt werden, oder eine Sprossung (*im Bild oben rechts eine abgeschlossene Sprossung*), bei der ein kleines Zellbläschen ausgestülpt wird, in das wiederum ein Teil des Kernes ausgestülpt wird, bevor die kleinere Tochterzelle abgeschnürt wird.

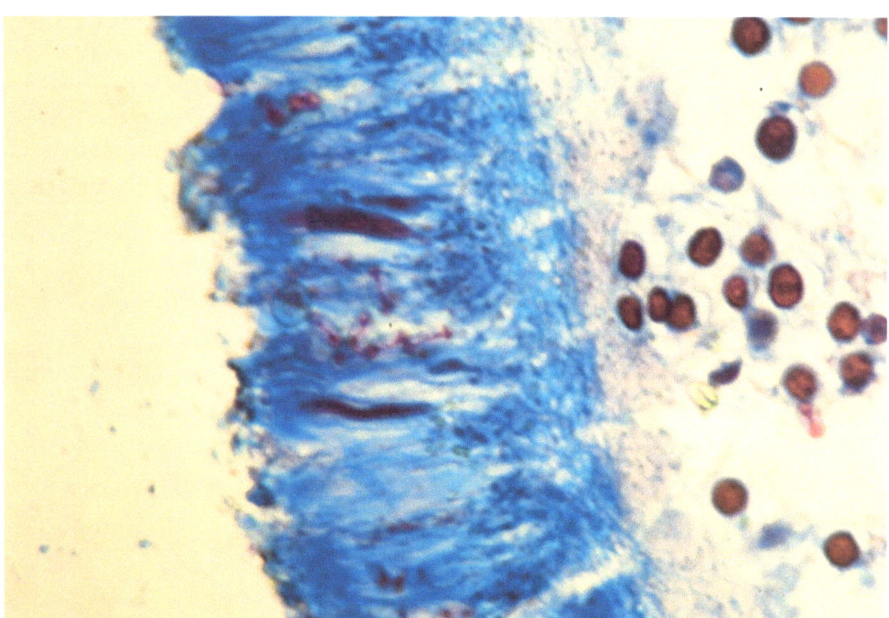

Abbildung 61: Sporenbildung bei einem Ascomyceten auf einer Blattoberfläche

Eine einzeln lebenden Hefen können sich zu pilzartigen Fruchtkörpern zusammenfinden, in denen geschlechtliche Austauschvorgänge stattfinden.

Bei den als „Pilze" bekannten Pilzen oder als Belege oder Wucherungen erkennbaren Pflanzenschädlingen, bei denen es sich oft um Schlauchpilze (*Ascomyceten*) handelt, spielt sich das normale Leben vorzugsweise im Verborgenen ab. Die vegetativen Teile der Pilze – Geflechte aus Pilzfäden, die das Substrat durchziehen – können 1 bis viele Zellkerne pro Zelle enthalten. Treffen zwei Mycele unterschiedlichen „Geschlechts" zusammen, verschmelzen bestimmte Zellen und deren Kerne miteinander, und es entwickelt sich der sichtbare Fruchtkörper, auf dem sich durch eine Reduktionsteilung widerstandsfähige und leicht zu verbreitende Sporen bilden. Abbildung 61 zeigt einen Pflanzenschädling bei der Sporenbildung im Augenblick der Teilung. Wie schon bei den Hefen bleiben die sichtbaren Details im Lichtmikroskop recht begrenzt.

4.4. EINZELLER

Zu den beliebtesten Untersuchungsobjekten angehender Mikroskopiker zählen sicher die Organismen in einem Tropfen Teichwasser, allen voran vermutlich das bekannte Pantoffeltierchen. Die Einzeller sind erstaunlich kompli-

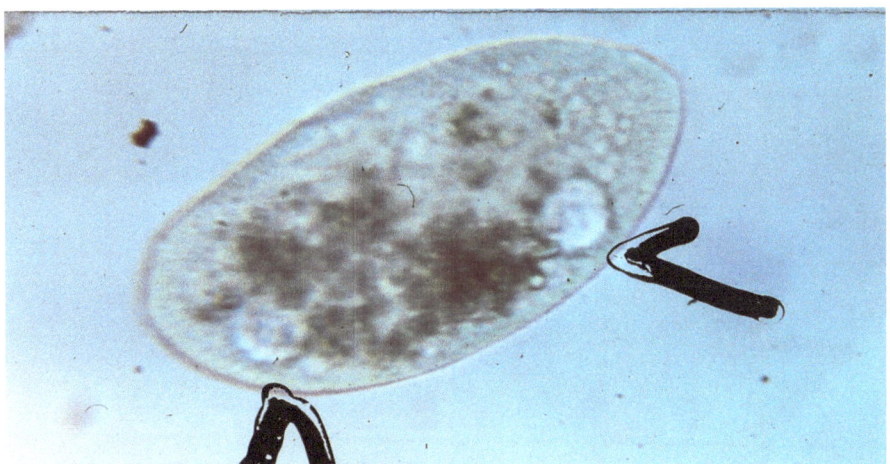

Abbildung 62: Entwässerungsvakuolen beim Pantoffeltierchen

ziert gebaut und besitzen Organellen, die in höheren Organismen allenfalls in spezialisierten Zellen vorkommen, doch darauf können wir hier nicht weiter eingehen. Betrachtet man ein Pantoffeltierchen, fallen sich schnell die hellen Bläschen auf, die man für Zellkerne halten könnte (*Abbildung 62*). Es handelt sich hier jedoch um Entwässerungsorgane, und bei einer längeren Beobachtungszeit kann man verfolgen, wie sie sich füllen und plötzlich wieder entleert werden. Die Zellkerne werden in der Regel erst durch Färbemethoden sichtbar.

Bei Ruhekernen ist zunächst nichts Auffälliges zu beobachten (*Abbildung 65*). Der Zellkern befindet sich als kugelförmiges Etwas irgendwo in der Zelle. Einige Spezies enthalten auch zwei oder mehr Kerne (*Abbildung 64*). Bei der Teilung kommt es aber nicht zur Ausbildung sichtbarer Chromosomen, sondern die Kerne schnüren sich einfach durch (*Abbildung 63, Abbildung 64*), wobei das zweikernige Individuum jeweils nur einen Kern an jede Tochterzel-

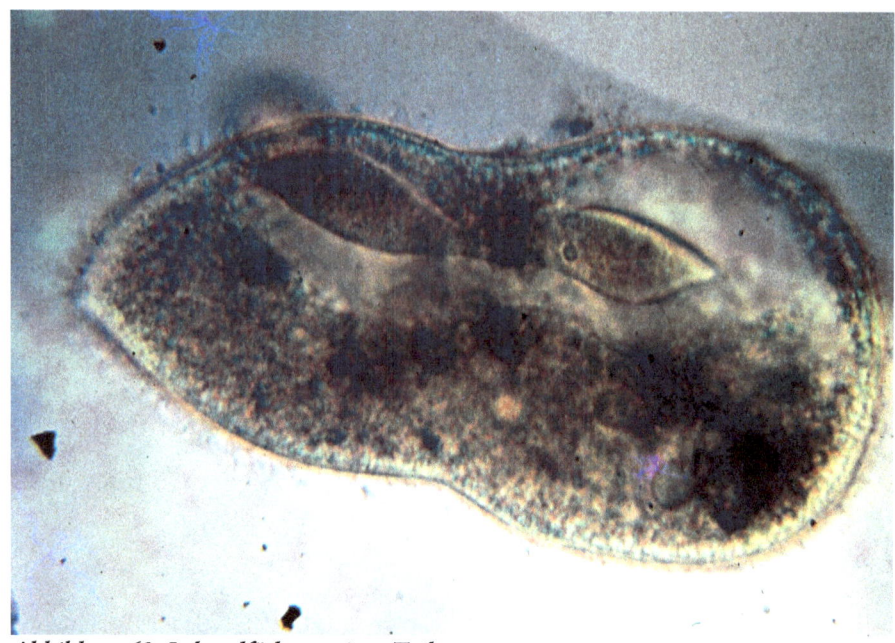

Abbildung 63: Lebendfärbung einer Teilung

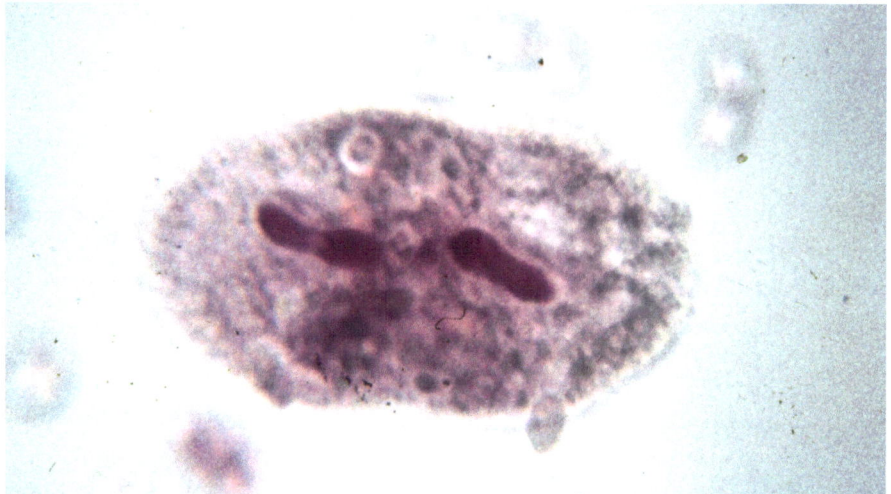

Abbildung 64: Lebendfärbung, Teilung

le vererbt und die Teilung der Kerne dazu dient, die Zweikernigkeit wieder herzustellen. Das Nichterscheinen von Chromosomen liegt aber nicht daran,

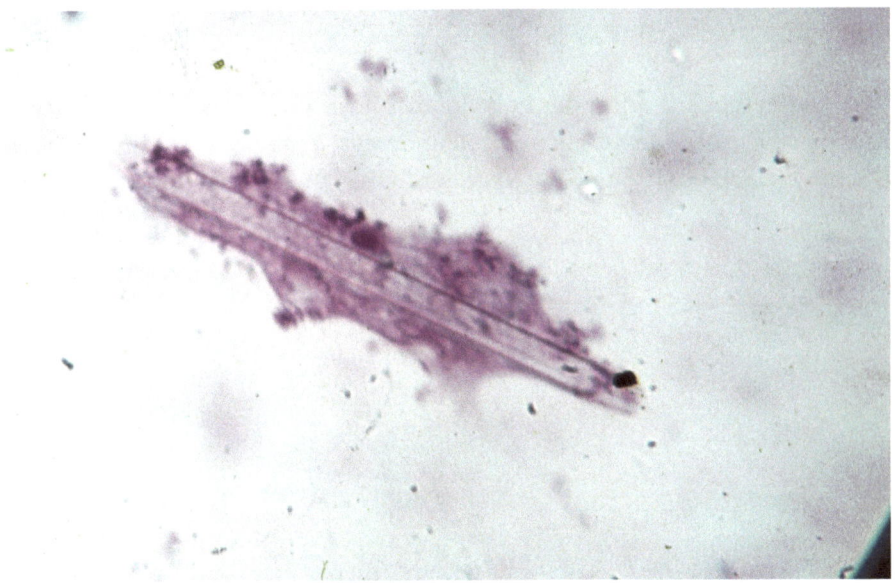

Abbildung 65: Amöbe, Kernfärbung

dass keine existieren: die Zellkerne besitzen Chromosomen, sind allerdings hochpolyploid, d.h. es sind sehr viele Sätze gleicher Chromosomen im Zellkern vorhanden und nicht nur von jeder Sorte zwei. Bei der Teilung teilt sich der Kern ähnlich wie die gesamte Zelle durch Durchschnürung, und aufgrund der hohen Polyploidie scheinen immer genügen Kopien eines jeden Chromosoms weitergegeben zu werden, um durch andere Regelprozesse wieder auf eine bestimmten Polyploidiezustand eingeregelt werden zu können.

Die meisten Einzeller können den Sporen ähnliche Dauerformen (Zysten) bilden, die es ihnen erlauben, widrige Umstände zu überwinden. Ebenso sind Konjugationen zwischen Individuen bekannt, bei denen Genmaterial ausgetauscht wird.

4.5. RIESENCHROMOSOMEN

Eine besondere Form der Polyploidie bilden die Riesenchromosomen in den Speicheldrüsen (*und ggf. einigen anderen Organen*) von Mückenlarven. Hierbei handelt es sich um eine Vervielfachung von Chromosomen außerhalb

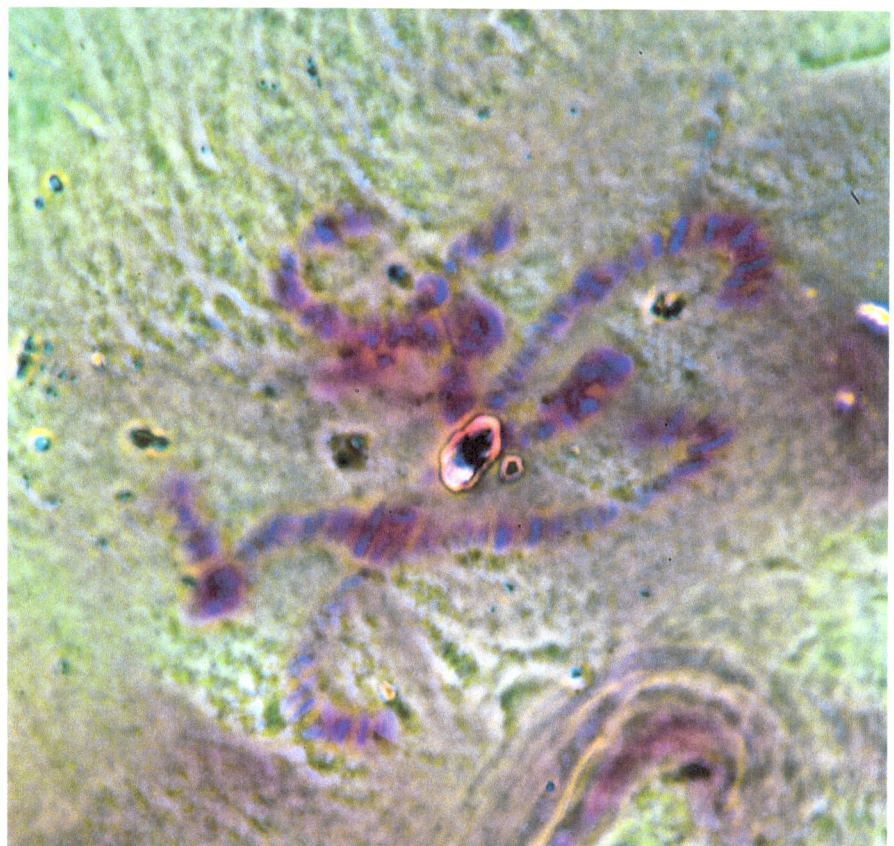

Abbildung 66: Riesenchromosom, Mückenlarve

der Teilungsphase, ohne dass es zur vollständigen spiralförmigen Aufwicklung und Trennung kommt. Die Chromosomen bleiben gewissermaßen in der Prophase stecken, sind also sehr lang und nur leicht spiralisiert, und durch fortge-

setzte Verdopplung entstehen sehr dicke, gut untersuchbare Riesenchromosomen mit einer Bänderstruktur.

Die Bänderstruktur resultiert aus dem Aufbau der Chromosomen in ko-
dierenden und steuernde Abschnitte. Kodierende Abschnitte sind meist von
wenigen Proteinen umgeben und dadurch gut färbbar, Steuersequenzen in der
Regel von verschiedenen Regelproteinen umgeben, was zu weniger gut färbba-
ren Partien führt. Man kann also in den Riesenchromosomen einzelne Gen-

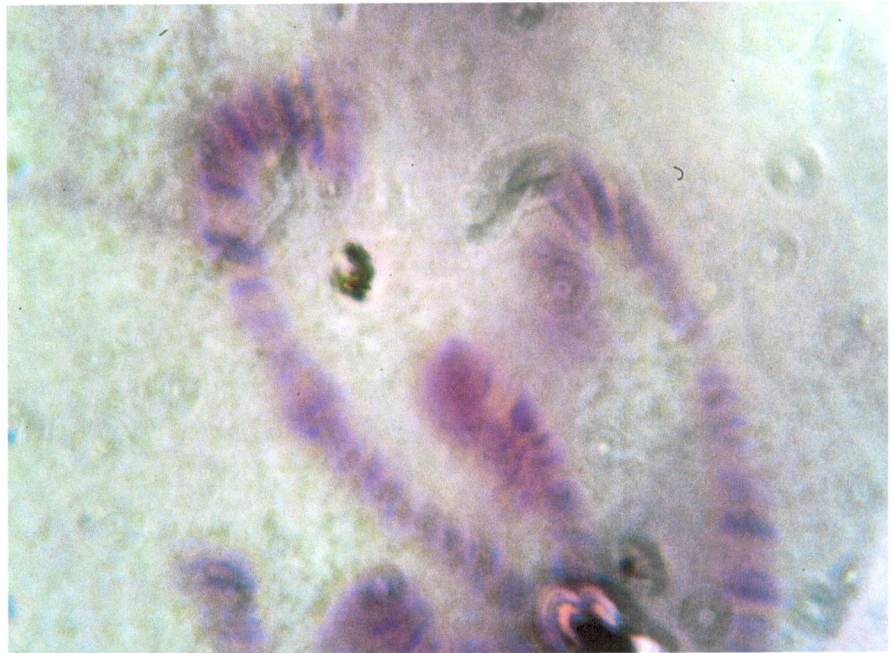

Abbildung 67: Riesenchromosomen, Mückenlarve

muster direkt sehen. In der Zeit vor der biochemischen Gensequenzierung
wurden diese Bänder deshalb zur Analyse von Genpositionen und Genverän-
derungen genutzt: bei Ausfall bestimmter Gene und einer damit einhergehen-
den Gestalt- oder Physiologieänderungen ändert sich das Bandmuster an der
veränderten Stelle, und man konnte eine „Genkarte" erstellen, die natürlich
nach heutigen Gesichtspunkten sehr primitiv war und sich außerdem auf die
wenigen Arten beschränkte, die Riesenchromosomen aufwiesen..

In den Zellen selbst benötigte Genbereiche werden durch Trennung der Chromosomenstränge aktiviert, wodurch aufgeweitete Bläschen an den Chromosomen, so genannte „puffs", entstehen. In diesen Bereichen läuft eine hohe RNA-Produktion ab, wobei durch die Polyploidie die Arbeitsfähigkeit enorm erhöht wird. Abgesehen von dieser Möglichkeit der Produktionssteigerung sind die Riesenchromosomen jedoch eher eine Kuriosität ohne größere Bedeutung.

4.6. ERGÄNZUNGEN

Mitochondrien sind gewissermaßen die Kraftwerke der Zellen, die Energie für alle anderen Prozesse bereitgestellt wird. Sie verfügen über eigene Erbinformationen, die eine Reihe von Funktionen in diesen Organellen steuern. Es wird vermutet, dass Mitochondrien sehr frühe Endosymbionten der Vorgängerzellen aller „höheren" Organismen sind.

Mitochondrien werden nur über die weiblichen Keimzellen an die Nachkommen weitergereicht, da die männlichen Keimzellen aus verschiedenen Gründen nahezu ausschließlich DNA enthalten. Untersuchungen über die jüngere biologische Geschichte wie die des Menschen oder sogar die Zugehörigkeit zu einer bestimmten Menschengruppe werden anhand dieser DNA und nicht der Kern-DNA gemacht. Dazu gehören auch recht zweifelhafte Thesen wie die in Israel entwickelte vom „Judengen".

Abweichende Chromosomenzahlen können bei Fehlern während der Meiose auftreten und führen oft zu gravierenden Beeinträchtigungen der Individuen. Am bekanntesten dürfte das Down-Syndrom sein, dass auf unterschiedlichen Trisomieformen des Chromosoms 21 beruht. Es sind beim Menschen etwa 10 Trisomien veschiedener Chromosomen bekannt.

Zu diesen Abweichungen zählen auch Teilverdopplungen oder Verluste, wenn etwa ein Arm eines Chromosoms bei der Teilung am anderen hängen geblieben ist.

Polyploidie tritt bei Pflanzen gar nicht so selten auf und ist auch nicht unbedingt nachteilig. Einige agrartechnische „Hochleistungspflanzen" sind Tetraploid, während die Stammformen diploid sind. In der Natur treten beispielsweise folgende Varianten auf:

- triploid: drei Chromosomensätze, beispielsweise bei einigen Bärtierchen (Tardigrada) und selten bei Amphibien (vergleiche: Teichfrosch),

- tetraploid: vier Chromosomensätze, beispielsweise bei Forellenfischen,

- hexaploid: sechs Chromosomensätze, beispielsweise beim Saatweizen,

- oktoploid: acht Chromosomensätze, beispielsweise bei einigen Stören,

- dekaploid: zehn Chromosomensätze, beispielsweise bei Erdbeeren,

- dodecaploid: zwölf Chromosomensätze, beispielsweise beim Silber-Brandschopf, einer Pflanze.

Artenspezifisch unterschiedliche Chromosomenzahlen gehören heute noch zu den Geheimnissen der Biologie. Paaren sich Individuen mit unterschiedlichen Chromosomensätzen, so entsteht meist kein lebensfähiger Nachwuchs. Bei nahe verwandten Arten kann es zu lebens- und leistungsfähigen Bastarden kommen, die jedoch selbst keine Nachkommen mehr zeugen können (*z.B. Maultiere als Kreuzungen zwischen Pferden und Eseln*). Die Unterschiedlichen Zahlen trennen also wirksam Arten voneinander.

Da sich Arten langsam entsprechend den Umweltanforderungen weiterentwickeln, besteht die Möglichkeit einer lokale Besonderheit (*Spaltung, Verdopplung, Zusammenwachsen von Chromosomen, Bastardisierung von unterschiedlichen Individium*), die zu lebens- und fortpflanzungsfähigen Individuen führt und getrennt von normalen Hauptstrang spontan eine neue Art bildet, die fortbesteht und sich eigenständig weiterentwickelt. Diskutiert wird auch die Möglichkeit, dass Bakterien Genmaterial zwischen verschiedenen Arten vermitteln, was im günstigen Fall ebenfalls spontan zu einer neuen Art führt. Einig ist sich die Fachwelt hier nicht.

5. PRÄPARATIONSTECHNIKEN

Auf Präparationstechniken können wir nur mit einigen groben Hinweisen eingehen. Bezüglich des Vorgehens bei der Fixierung der Objekte und der Herstellung und Verwendung der Färbereagenzien muss auf Spezialliteratur (*z.B. B. Romeis, Mikroskopische Technik*) verwiesen werden. Für Schnittpräparate ist ein Mikrotom notwendig, wobei es mit einiger Übung auch ein Handmikrotom tut (*bereits das Schärfen der Messer ist eine Wissenschaft für sich, deren Erlernen einige Versuche erfordert*). Wichtig ist Geduld und Wiederholung des Versuchs, wenn einmal etwas schiefgeht, und Kreativität, was die Bearbeitung spezieller Objekte und Objektgruppen betrifft.

Zellteilungen bei einzelligen Tieren (*Pantoffeltierchen usw.*) lassen sich mehr oder weniger nur lebend beobachten. Dazu wird eine Wasserprobe auf den Objektträger gebracht und mit der Phasenkontrastoptik untersucht (*z.B. von der Wand einer Regentonne bzw. von Pflanzenresten abnehmen*). Beobachtet werden können größere Organismen, die durch Absaugen der Flüssigkeit unter dem Objektträger mittels Filterpapier zwischen Objektträger und Objektgläschen eingequetscht werden können und so an schnellen Bewegungen gehindert sind (*die Wasserprobe sollte daher keine größeren Körner oder Pflanzenreste aufweisen*). Aufgrund des dabei ausgelösten Stresses lassen sich nur Tiere beobachten, die zum Zeitpunkt der Präparation bereits in Teilung befindlich sind. Findet man nichts, so ist eine neue Probe zu nehmen, und da Teilungen meist nicht besonders häufig sind, ist einiges an Geduld erforderlich. Falls die Phasenkontrastoptik die Strukturen nicht klar genug herausarbeitet, kann der Zellkern auch mit Kernechtrot angefärbt werden (*0,1 g Kernechtrot auf 100 ml 5%-iger Aluminiumsulfat-Lösung*); die Tiere sterben allerdings hierbei ab.

Am einfachsten ist die Untersuchung der Mitose bei Pflanzen, und Anfänger sollten für das erste Erfolgserlebnis hiermit beginnen. Sehr geeignet sind Wurzelspitzen, da es sich hier um recht zartes und einfach zu präparierendes

Gewebe handelt. Dazu bringt man ein Samenkorn, eine Zwiebel oder eine Knolle zum Keimen, indem man eine geeignete Stelle mit Wasser in Kontakt bringt. Bei großen Pflanzenteilen kann dies durch Eintauchen einer wurzelbildenden Stelle in Wasser geschehen, bei kleinen Samen durch Auflegen auf feuchte Watte oder Filterpapier.

Das Keimen erfolgt zweckmäßigerweise im Dunkeln. Vielfach empfiehlt es sich, die Pflanzen nach dem Ankeimen einige Tage im Kühlschrank zu belassen, da sich dadurch Teilungsstadien anhäufen. Zur Präparation werden die letzten 3-4 mm der Wurzelspitze abgeschnitten und fixiert (*zu empfehlen: Bouinsches Gemisch =Pikrinsäure/Formalin/Eisessig*). Schnittpräparate können mit den üblichen Methoden angefertigt werden, einfacher sind jedoch Quetschpräparate mit einer speziellen Färbemethode:

Nach dem gründliche Auswaschen werden die Wurzelspitzen in 1N-Salzsäure hydrolysiert. Die Hydrolyse kann ca. 10-15 Minuten bei 60°C oder 12-14 Stunden bei Raumtemparatur erfolgen (*die Salzsäure bereitet die DNA für die Färbung vor und macht die Zellen gleichzeitig weich genug für das Quetschen*). Danach kommen die Wurzelspitzen für ca. 3 Stunden in schiffsches Reagenz (Fuchsinschweflige Säure), wobei sie sich karminrot färben. Ausgewaschen wird mit SO_2-haltigem Wasser, danach mit Wasser.

Die Wurzelspitzen können nun direkt zwischen Deckglas und Objektträger zerquetscht werden, bis sich eine dünne Schicht von Zellbestandteilen gebildet hat (*Kontrolle unter dem Mikroskop*). Die Quetschbarkeit wird durch ein längeres Salzsäurebad begünstigt. Alternativ kann eine sehr dünne Cellophanmembran verwendet werden, die der Gefahr des Bruchs des Deckglases vorbeugt. Durch Aufbringen weiterer Reagenzien von einer Seite und Absaugen mit Filterpapier auf der anderen Seite erfolgt die Entwässerung und der Einschluss in Harz in üblicher Weise (*weder Deckglas noch Membran darf entfernt werden, da sonst alles zerreißt*).

Meiosen an Pflanzen sind schwierig zu beobachten. Pollenblätter lassen sich in Blütenknospen leicht identifizieren und sammeln, wobei auch hier tiefe Temperaturen hilfreich sind, um die Teilungsvorgänge zu verlangsamen. Welche Zeitpunkte für die Probeentnahme günstig sind, lässt sich nicht leicht ermitteln. Man muss praktisch auf Verdacht in kürzeren Zeitabständen viele Proben entnehmen und präparieren (*und wird meist nicht belohnt*). Die Proben können als Schnitt- oder Quetschpräparate verarbeitet werden.

Noch problematischer ist die Beobachtung der Teilungsvorgänge in weiblichen Fruchtknoten, da hier im Gegensatz zur Pollenentwicklung nur sehr wenige Zellen an der Teilung teilnehmen. In der Regel sind Schnittserien notwendig (*Mikrotomschnitte*), um überhaupt die die Samenmutterzellen zu finden. Der Aufwand ist also sehr groß, die Gewinnchance relativ klein.

Etwas mehr Aussicht auf Erfolg besteht bei größere Moose, die oft farblich leicht erkennbare männliche und weibliche Organe an den Triebspitzen ausbilden (*Lebermoose bilden besondere Fruchtstände aus*). In Schnittpräparate lassen sich mit einiger Wahrscheinlichkeit Teilungsstadien (*Mitosen im haploiden Zustand*) beobachten; weniger gut ist die Aussicht, bei der Sporenbildung die Reduktionsteilungen zu sehen.

Bei tierischen Präparaten kann man mit Spinnen beginnen, deren Geschlechtsreife leicht feststellbar ist (*nur geschlechtsreife Tiere verwenden!*). Abgefertigt werden Schnittserien durch den Hinterleib, was wegen des dünnen Chitinpanzers recht problemlos ist. Zu beobachten sind verschiedene Meiosestadien.

Ebenfalls wenig Probleme bereiten große Regenwürmer, die man mit dem Präparierbesteck sezieren und die Keimdrüsen untersuchen kann. Hier können auch wieder Quetschpräparate angefertigt werden.

Bei geschlechtsreifen Wirbeltieren ist es nicht schwierig, die Hoden männlicher Tiere heraus zu präparieren und zu bearbeiten. Da das eine oder andere Tier einen frühzeitigen gewaltsamen Tod dem Altersruhestand vorzieht (*Vögel brechen sich beispielsweise oft bei der Kollision mit einer Scheibe das Genick*), heißt es, jederzeit bereit zu sein, eine Probe zu entnehmen.[7]

---

7 Wer nicht warten will, sollte aber vielleicht eher schauen, ob entsprechende Präparate irgendwo angeboten werden. Alternativ kann man versuchen, bei Sektionskursen Material zu erhalten. Den Hamster des Nachbarn zu massakrieren,

Der Tod darf allerdings nicht mehr als einige Minuten eingetreten sein, da die Teilungsvorgänge schnell eingestellt werden.

Für die Beobachtung von Mitosen kann man versuchen, Knochenmark zu entnehmen und zu präparieren.

Die Präparation weiblicher Organe ist, wie bereits zuvor beschrieben, in der Regel recht schwierig, da sich nur wenige Stammzellen zur gleichen Zeit entwickeln (*auch hier ist natürlich auf das richtige Alter und den richtigen Zeitpunkt zu achten*).

---

um eine Untersuchungsprobe zu erhalten, kann nicht wirklich empfohlen werden